Pour un autre fonctionnement de la classe

● La problématique du moment :

Le fonctionnement actuel d'une classe maternelle peut se présenter comme une gageure :
Comment :
– d'une part, faire travailler la classe par groupes de cinq ou six enfants ?
– ensuite, être présent partout ?
– enfin, conduire son affaire de sorte que les enfants ne soient pas simplement occupés mais aient, tous, à tout moment, une activité enrichissante ?
Les présents cahiers proposent une solution en définissant un autre fonctionnement de la classe.

● Le moment collectif :

Il est évident que les moments collectifs ne se trouvent pas modifiés par nos propositions. Ils demeurent ce qu'ils sont, dans le meilleur des cas :
– des temps d'échanges, de communication de tout le groupe et surtout des leaders ;
– des temps d'élaboration de projets que le maître aide à faire naître puis à structurer ;
– des temps de plaisir où l'on danse, où l'on chante, où l'on joue tous ensemble ;
– des moments de réflexion, d'analyse d'une situation, de regards sur des réalisations, des mises au point de stratégies... ;
– des temps de répartition des enfants en petits groupes pour une activité choisie ou imposée ;
– des minutes de débats autour des problèmes concernant la vie de la classe et de l'école ;
– des temps consacrés à l'évaluation des compétences.

● L'Unité Pédagogique :

À la suite d'un moment collectif qui a pour but d'informer les enfants sur ce qu'on va faire et sur ce qu'on attend d'eux, on va distinguer et organiser deux types d'activités. Pour chaque séquence :
– une **Unité Pédagogique** (UP) ;
– des **Activités Satellites** (AS).
L'Unité Pédagogique est une séquence, une situation dans laquelle cinq enfants, environ, *en présence et en collaboration avec le maître*, se livrent à une activité.
Deux sortes d'UP :
– les cognitives qui se situeront surtout le matin ;
– les créatives l'après-midi.
Une UP est une activité pédagogique structurée où le maître fait agir, réfléchir, argumenter, imaginer, prévoir. On aborde souvent des notions précises, on acquiert aussi des connaissances et des savoir-faire.

Le maître, meneur de jeu et observateur, peut donc aider les enfants de ce petit groupe à aller le plus loin possible dans leurs découvertes. Il est attentif au cheminement de chacun, à la démarche individuelle, variable d'un enfant à l'autre. Il aide dans l'appropriation d'un savoir. Enfin, il évalue pour organiser les prolongements nécessaires.
Ce moment est le *temps fort* de la matinée. Il sera repris plusieurs fois, au gré des maîtres, pour une répartition sur la semaine, de telle sorte que chaque enfant ait pu en bénéficier.
Dans cette réorganisation de la classe, le samedi matin est réservé aux bilans. Les UP créatives de l'après-midi fonctionnent – en général – avec des groupes plus élargis mais de la même manière.

● Les Activités Satellites :

Ce sont les activités auxquelles se livrent les autres enfants de la classe, répartis en 3 ou 4 groupes autour d'un travail précis demandé par le maître. Ces petits groupes sont autonomes et fonctionnent presque seuls, ou seuls lorsque les habitudes sont prises. Les enfants sont occupés, certes, mais ne sont pas étrangers à ce qui se passe avec le maître. Lors de la reprise des UP, les maîtres doivent sans cesse en tenir compte…

Ne retrouve-t-on pas ici ce qui se passe dans certaines classes rurales à divers niveaux, où les petits apprennent ce qui ne leur est pas directement destiné ?
Les Activités Satellites sont, dans la plupart des cas, des moments au cours desquels on s'exerce, « on fait des gammes ». Ce sont des ateliers dont certains ressemblent à ceux que l'on pratique ordinairement dans une classe et dont d'autres sont organisés, soit pour précéder, préparer une UP en assurant dans le temps leur intégration à la personne de l'enfant, soit pour la prolonger. Les enfants y reçoivent une consigne qu'ils sont capables de comprendre et de réaliser : en général, on n'y apprend rien de nouveau. On fait des choses qu'on sait faire. Ces tâches affermissent les connaissances et affinent les compétences.
Un lien avec l'UP existe dans certaines AS spécifiques. Dans d'autres cas, il n'y a pas de lien direct.
On peut dire, en conclusion, que si toutes les AS n'ont pas une filiation avec l'UP, toute UP trouve obligatoirement écho et prolongement dans quelques AS.
Au moment des bilans et des évaluations, les maîtres perçoivent au travers des réalisations obtenues la nécessité, soit d'organiser de nouvelles UP qui répondront aux manques observés, soit de nouvelles AS qui seront directement issues de constats réalisés.

● Du travail pour une année :

Ce sont les maîtres eux-mêmes qui nous ont suggéré, dans divers groupes de travail et de réflexion, de *regrouper des activités qui peuvent s'échelonner sur une année scolaire*. Ceci permet à tous les enfants de cheminer à leur rythme : il est en général nécessaire, lorsqu'on aborde une notion, de l'éclairer, de la laisser, de la reprendre sous d'autres formes et éventuellement selon la forme initiale. Il faut faire varier des paramètres dans divers types de situations. Le temps joue avec nous, si l'on sait reprendre au bon moment un travail antérieur.
En maternelle, le maître, qui n'a pas de programme à suivre, est amené à organiser lui-même ses UP selon une continuité et une progression dictées par les comportements enfantins. Nous avons parlé de flexibilité dans notre pédagogie ; les enchaînements ne peuvent être formels mais ils doivent être rigoureux.
Il y aura des évaluations réalisées au niveau des enfants mais les maîtres eux-mêmes pourront s'auto-évaluer en adoptant notre démarche. Elle repose sur la lucidité.
Pour toutes ces raisons, les présents cahiers s'adresseront à des tranches d'âge précises et proposeront une très grande variété de situations qui, en se déroulant dans le temps, permettront aux enfants de pressentir d'abord et de comprendre ensuite des notions fondamentales pour leur développement et leur future scolarité.

Y. Jenger-Dufayet

© Éditions Nathan, 1993

ISBN 2-09-103428-2

« Le photocopillage, c'est l'usage abusif et collectif de la photocopie sans autorisation des auteurs et des éditeurs. Largement répandu dans les établissements d'enseignement, le photocopillage menace l'avenir du livre, car il met en danger son équilibre économique. Il prive les auteurs d'une juste rémunération. En dehors de l'usage privé du copiste, toute reproduction totale ou partielle de cet ouvrage est interdite. »

Logique et raisonnement

Cycle des apprentissages fondamentaux

● À propos du contenu…

Les Instructions officielles de janvier 1991 donnent pour objectifs au cycle des **apprentissages premiers** l'acquisition des connaissances suivantes :
• Savoir poser un problème et le résoudre au moyen de stratégies de tâtonnement aboutissant à une solution.
• Pouvoir identifier les propriétés des objets au moyen de :
– tris,
– classements,
– relations.
• Établir des relations numériques et non numériques au niveau de collections diverses :
– comparer,
– partager,
– distribuer.
• Savoir se situer et se repérer dans l'espace. Coder et décoder un déplacement.
• Situer et repérer des objets par rapport :
– à soi-même,
– à des repères fixes.
La grande section procède à la fois du cycle 1 et du cycle 2, elle se doit de mettre en place des activités permettant de situer le niveau des enfants par rapport à ces compétences. Il s'agit de consolider ou de réinvestir les compétences pour progresser dans le cycle des **apprentissages fondamentaux** en vue de :
– comparer des nombres ;
– ranger dans un ordre croissant ou décroissant ;
– évaluer un ordre de grandeur ;
– aborder certains calculs additifs ;
– connaître les propriétés des figures géométriques.
Le travail proposé se situe dans différents domaines mathématiques. Il doit permettre aux enfants de réfléchir et de communiquer à partir de **situations** concrètes qui seront aménagées en fonction du vécu de la classe.
On ne peut escompter une acquisition mesurable de tous les savoir-faire abordés, mais l'important est que l'enfant soit toujours placé en situation de recherche :
– émission d'hypothèses,
– expérimentation,
– vérification,
– anticipation de nouvelles hypothèses.

● À propos de la forme…

Les séquences (Unités Pédagogiques) proposées, qui ont été réalisées dans des classes, sont des suggestions qui doivent évidemment être adaptées au vécu des classes.
En fonction des comportements de leurs élèves, les maîtres modifieront les exercices :
– soit en ne proposant qu'une partie des séquences qui seront alors plus étalées dans le temps ;
– soit en faisant rechercher des stratégies qui mettent en œuvre des savoir-faire plus élaborés.
Ces séquences, construites en vue d'un travail en petits groupes, permettent aussi au maître d'ajuster ses interventions en fonction du niveau du groupe constitué, répondant ainsi aux Instructions officielles qui demandent de prendre en compte l'hétérogénéité de la classe et de faire entrer dans les apprentissages fondamentaux les enfants qui y sont prêts.

Les Activités Satellites, qui ne sont, elles aussi, que des propositions non transposables directement, permettent quant à elles d'apprécier la capacité des enfants à travailler de façon autonome.

Certaines ne peuvent être proposées qu'à des enfants ayant déjà travaillé sur l'Unité Pédagogique. Il va de soi qu'elles doivent, dans le cas contraire, être remplacées par d'autres activités.

On peut toujours proposer :
– des jeux de société dont la règle est connue ;
– des puzzles ;
– des mosaïques ;
– des activités dépendant d'autres domaines (lecture et graphisme par exemple).

Françoise Héquet,
directrice d'école d'application

Michèle Winther,
maître formateur

Séquence 1

LOGIQUE

SUITES LOGIQUES

Une Unité Pédagogique

Titre : Suites logiques
Nombre d'enfants : 10
Durée de l'UP : 30 minutes
Reprises : 3 fois
Période de l'année : septembre

Des Activités Satellites

AS 1 **Titre :** Trouver les erreurs
Nombre d'enfants : 8
AS 2 **Titre :** Jeu de Lego
Nombre d'enfants : 8
AS 3 **Titre :** Mosaïque
Nombre d'enfants : 6

Une UP cognitive avec le maître

● **Matériel :**

– des crayons-feutres de couleur ;
– des gommettes de formes et de couleurs variées ;
– une feuille de papier de 10 × 25 cm environ.

● **Justification et motivation de l'UP :**

En début d'année, les enfants possèdent une grande étiquette-prénom (format 21 × 29,7 cm), mais ils n'arrivent pas tous à reconnaître leur prénom. Afin que les enfants reconnaissent plus facilement leur étiquette, le maître leur propose de la « personnaliser » en la décorant d'un motif algorithmique de leur choix.

● **Objectifs :**

- Discrimination et répétition de deux éléments pour former une suite.
- Notion de motif de base.
- Notion d'algorithme.
- Obéir à une consigne donnée.

● **Stratégie :**

- Rechercher des motifs simples que les enfants savent dessiner en début d'année.
- Classer ces différents motifs au tableau (dessin 1).
- Associer ces motifs par deux (dessin 2).
- Créer un algorithme à partir de deux éléments : l'enfant est amené à choisir deux motifs et à les répéter de façon identique au tableau (dessin 3, par exemple). (Voir les dessins page 5.)

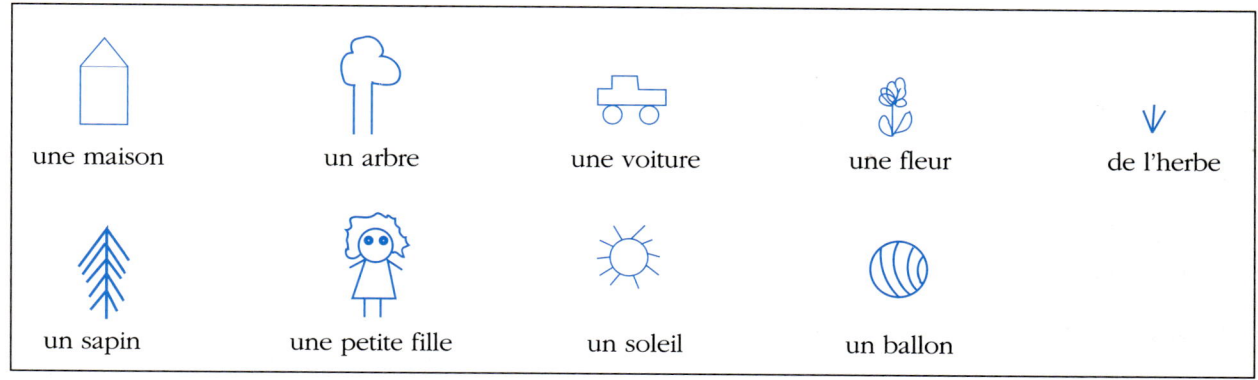

Dessin 1

Dessin 2

Dessin 3

• Toujours au tableau, rechercher d'autres motifs de base qui ne seront plus figuratifs mais géométriques.
• Composer le motif qui décorera l'étiquette-prénom de l'enfant.
Le maître rappelle les consignes avant que l'enfant exécute lui-même son étiquette :
– le motif est composé de deux éléments différents ;

– les motifs sont reproduits en ligne sous le prénom.

L'enfant fera un premier essai sur une feuille au brouillon (feuille de 10 × 25 cm). Si l'essai est réussi, il recopiera son projet sur son étiquette.

On obtient des résultats de cet ordre :

● Évaluation :

Elle sera mesurée en fonction de la conformité aux objectifs :
– motif de base bien compris ou non ;
– répétition plus ou moins régulière ;
– organisation dans l'espace-feuille ;
– propreté du travail.

● **Prolongements :**

Les algorithmes peuvent être plus systématiques et obéir à des consignes précises.
– Deux éléments de même forme et de couleurs différentes :

– Deux éléments de même couleur et de grandeurs différentes :

– Deux éléments de formes différentes :

– Trois éléments de base :

– Trois éléments disposés différemment dans l'espace :

– Un des éléments utilisé plusieurs fois :

– Variation de la taille et de la quantité des éléments :

Des Activités Satellites

● AS1 : Trouver les erreurs

Dans une suite algorithmique, repérer les erreurs et les entourer. Exemple :

● AS 2 : Jeu de Lego

Créer une composition où les éléments se suivent d'une manière répétitive.

● AS 3 : Mosaïque

Avec un jeu du type Mosacubes (voir le catalogue du Matériel éducatif Nathan), disposer sur une planchette les pièces d'une mosaïque de façon à réaliser un algorithme avec trois éléments.

Observations pour le maître :

Séquence 2

MESURE

COMPARAISON DE TAILLES

Une Unité Pédagogique		Des Activités Satellites
Titre : Comparaison de tailles **Nombre d'enfants :** 10 **Durée de l'UP :** 30 minutes **Reprises :** 3 fois ; mise en commun **Période de l'année :** octobre - novembre ; reprises en mai - juin	AS 1 AS 2 AS 3	**Titre :** Classements **Nombre d'enfants :** 8 à 10 **Titre :** Jeu « Atelier mesure » **Nombre d'enfants :** 8 à 10 **Titre :** Décoration **Nombre d'enfants :** 8 à 10

Une UP cognitive avec le maître

● **Matériel :**

– de la laine ;
– des bandes de carton de 2 mètres environ ;
– une toise (réelle si possible) ;
– des règles plates.

● **Justification et motivation de l'UP :**

Les enfants aiment concrétiser l'idée qu'ils sont «grands». Cette séquence leur permettra de comparer leur taille et de constater leur croissance.

● **Objectifs :**

- Apprendre à **utiliser** un instrument de mesure.
- **Créer** des instruments de mesure à même usage.
- **Comparer** des longueurs.
- **Ordonner** des objets selon leur grandeur.

● **Stratégie :**

• **Première séquence : mesure des enfants**

Les mesures avec la toise peuvent avoir été effectuées au cours d'une visite médicale. On peut les refaire dans la classe en demandant aux enfants d'utiliser eux-mêmes cet instrument ; ainsi, ils peuvent aussi observer :
– la composition de l'appareil ;
– l'usage de la barre horizontale ;
– les graduations.

Après cet exercice de mesurage mutuel, on constate qu'on ne peut garder de trace concrète indiquant la taille de chacun et permettant de comparer les tailles.

Première consigne : le maître propose de choisir des objets de la même taille que les enfants.
Le problème du choix de l'objet est posé : le fil – souvent proposé – doit être essayé. Les enfants constateront les problèmes de déformation : il faut donc un matériau rigide.

Seconde consigne : le maître ou les enfants proposent des bandes de carton (1,50 à 2 m). On se met dans les mêmes dispositions qu'avec une toise réelle :
– la bande est punaisée verticalement ;
– on utilise un double-décimètre pour tracer la ligne indiquant la hauteur ;
– les enfants se mesurent mutuellement par deux.

- **Seconde séquence : comparaison des toises**

Première consigne : les toises sont détachées du mur, on les compare : les enfants commencent par les regarder deux à deux.
On remarque :
– la nécessité d'**orienter** les bandes en coloriant (ou autre) la partie qui correspond à la hauteur de l'enfant ;
– que les bases doivent être alignées pour permettre une comparaison valable ;
– que les différences apparaissent clairement en regardant le trait supérieur.

Seconde consigne : classement des toises
À partir de deux toises comparées, on fait classer toutes les toises avec verbalisation des démarches. Exemple : « *Je la pose "au milieu" de deux autres car je suis plus petit que... plus grand que...* »

- **Reprise en fin d'année : troisième étape**

Quand les enfants se seront mesurés, on leur fera comparer leurs nouvelles tailles. Ils constateront que le classement général peut être modifié. On profitera de cette constatation pour verbaliser la mesure de la croissance : « *X a plus grandi que...* »

● **Évaluation :**

• On choisira des cas typiques pour faire reconnaître la toise d'un enfant par rapport à celle d'un autre.
• Les enfants seront nommés par ordre de taille.

● **Prolongements :**

• Laisser une trace écrite à l'aide des étiquettes-prénoms en introduisant les signes > et < après avoir bien verbalisé la mesure de la croissance (*cf.* troisième étape).
• Ces séquences « débordent » sur des activités d'éveil comme la croissance, la taille..., où l'enfant s'interroge sur son corps.
• Noter la différence entre les notions de temps et de taille : « *Le plus âgé est-il toujours le plus grand ?* »

Des Activités Satellites

● **AS 1 : Classements**

Classer en ordre croissant ou décroissant des réglettes, des objets gigognes... Construire des objets de tailles croissantes et dessiner les réalisations.

● **AS 2 : Jeu « Atelier mesure »**

(Voir le catalogue du Matériel éducatif Nathan.)

● **AS 3 : Décoration**

Pour les enfants ayant participé à la séquence : décoration de la toise ; pour les autres : jeu de société.

Séquence 3

ESPACE

REPRÉSENTER UN PARCOURS

Une Unité Pédagogique	Des Activités Satellites	

Titre : Représenter un parcours
Nombre d'enfants : 8
Durée de l'UP : 2 séquences de 30 minutes ;
    séance d'EPS
Reprises : 3 ou 4 fois
Période de l'année : octobre
	AS 1
	AS 2
	AS 3
		Titre : Jeu de construction
		Nombre d'enfants : 7
		Titre : Jeu de Memory
		Nombre d'enfants : 7
		Titre : Classement d'images
		    séquentielles
		Nombre d'enfants : 8

Une UP cognitive avec le maître

● **Matériel :**

– Pour la séance d'EPS : des bancs, des caissettes, des cerceaux, des chaises.
– Pour la représentation : des blocs logiques et des Lego ; de la laine ou du fil plastique.

● **Justification et motivation de l'UP :**

Situation vécue en EPS : les premiers parcours de l'année sont mis en place par le maître ; on les représente pour les garder en mémoire. On inventera plus tard un parcours qui sera construit pour l'EPS.

● **Objectifs :**

• Permettre à l'enfant de se **repérer** dans l'espace.
• **Représenter** une situation à une échelle différente du réel à l'aide d'objets concrets (maquette).

• Appréhender la notion de **plan**.
• Effectuer un parcours à l'aide d'un **code**.

● **Stratégie :**

• **Première séquence : de la maquette au plan**
Au retour d'une séquence d'EPS…

Première consigne : représenter le parcours qui vient d'être effectué en EPS afin de le refaire à une prochaine séance. Dans la représentation libre (dessin), les difficultés techniques (perspective, échelle) empêchent une visualisation correcte du parcours.

Deuxième consigne :

le maître propose aux enfants d'utiliser des objets symbolisant le matériel réel pour leur permettre de mieux dessiner ensuite.
Il faut choisir les objets les plus appropriés en fonction du matériel qu'on veut représenter. Puis on les dispose sur une grande feuille.

Les symboles choisis peuvent être ceux-ci :
– Blocs logiques :

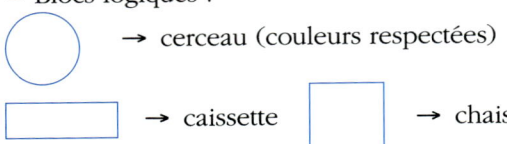

– Grande barre Lego → banc.

Le problème de la place de l'observateur par rapport à la maquette se pose d'emblée.
Il faut donc :
– orienter la maquette comme peut l'être la salle de jeux ;
– placer tous les enfants face au «départ» du parcours.

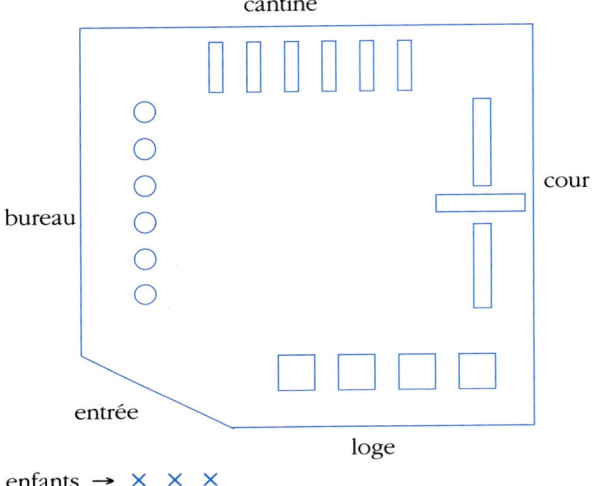

Les enfants verbalisent le parcours en utilisant le vocabulaire topologique (*à droite de, à gauche de, sur, sous,* etc.).
On peut matérialiser le chemin parcouru :
– à l'aide d'un fil ;
– en le traçant sur indication des camarades.

Troisième consigne : Dessiner la maquette.
Les enfants décident simplement de cerner les objets. Pour représenter les passages «sur» ou «sous» un objet, il faut trouver une solution. Après discussion avec le maître, des enfants proposent de colorier les objets qui cachent le fil.
Exemple :

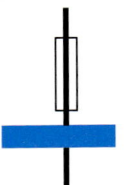

Ils intègrent aussi la notion de plan. Les objets sont vus «de dessus». Un objet superposé à un autre cachera le premier.
Pour indiquer le sens du déplacement, la flèche est spontanément utilisée.

• **Seconde séquence : création de parcours**

Première consigne : le même matériel étant représenté (photocopie du dessin réduit), tracer à l'aide de couleurs différentes plusieurs déplacements possibles.
Verbaliser les solutions trouvées.

Seconde consigne : écrire un message qui permettra d'effectuer le parcours sans l'aide du plan. La flèche est le symbole adopté.

Code des flèches :

```
              passer :
    ←    à gauche    ↑   sur
    →    à droite    ↓   sous
```

Exemple de message :

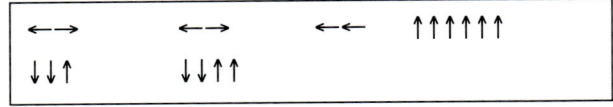

Souvent, la difficulté est de faire correspondre le nombre de flèches avec le nombre d'obstacles.

● **Évaluation :**

Vérification de la compréhension du codage :
– réeffectuer le parcours sur le plan à l'aide de petites voitures ou de personnages ;
– un autre groupe effectue le parcours dans la salle de jeux sous le contrôle des auteurs du message.

● **Prolongements :**

• Reconstruction de la maquette à partir du plan.
• Réinvestissement de la symbolisation par la recherche de nouveaux codages.

• Réalisation d'une maquette puis d'un plan de la classe et déplacements sur ce plan (séquence 5).
• Position relative des objets (séquence 8).

● **Notes pour le maître :**

• Ne pas oublier la difficulté des positions relatives («à gauche *de*» ; «à droite *de*»).

• Observateurs et exécutants doivent toujours être placés face au parcours.

Des Activités Satellites

● **AS 1 : Jeu de construction**

Construction d'un circuit (avec consigne) pour un train ou des petites voitures :
– circuit ouvert / fermé ;
– obstacles ;
– départ et arrivée indiqués.

● **AS 2 : Jeu de Memory**

● **AS 3 : Classement d'images séquentielles**

Observations pour le maître :

Séquence 4

COMPTAGE

COMPARAISON DE NOMBRES : L'APPEL

Une Unité Pédagogique		Des Activités Satellites
Titre : Comparaison de nombres : l'appel **Nombre d'enfants :** 10 **Durée de l'UP :** 30 minutes **Reprises :** 3 fois **Période de l'année :** octobre	AS 1 AS 2 AS 3	**Titre :** Classement de nombres **Nombre d'enfants :** 10 **Titre :** Jeu des quantités **Nombre d'enfants :** 5 **Titre :** Fiche de mathématiques **Nombre d'enfants :** 5

Une UP cognitive avec le maître

● **Matériel :**

– matériel varié du type crayons de couleur (rouges et verts), tickets d'autobus, allumettes, marrons, petits personnages, etc.
– des feuilles de papier ;
– des crayons-feutres.

● **Justification et motivation de l'UP :**

À l'appel, le matin, en utilisant la suite des nombres pour se compter, les enfants remarquent qu'il y a treize garçons et quatorze filles.
Après l'appel, en petit groupe, on reprend ces observations pour approfondir la notion d'égalité ou d'inégalité entre deux quantités.

● **Objectifs :**

- **Répondre** à la question : « *Y a-t-il plus de garçons ou plus de filles aujourd'hui ?* »
- **Symboliser** et **analyser** une situation donnée.
- **Établir** des correspondances terme à terme.
- **Émettre** des hypothèses : « *Il y a autant, plus que, moins que…* »
- **Constater** la nécessité du comptage.
- **Résoudre** des problèmes simples sur les quantités.

● Stratégie :

• Concrétisation de la situation

Chaque enfant dispose d'une feuille sur laquelle il place des éléments symbolisant les garçons (G) et les filles (F).

Exemple : 13 G = 13 crayons verts.
14 F = 14 crayons rouges.

Après avoir observé les réalisations obtenues, le maître encourage les enfants à exposer leur cheminement intellectuel pour arriver à leur fin. Les enfants ont-ils réussi ou échoué ? Quelle est la méthode la plus rapide et la plus efficace ? Après discussion, il s'avère qu'il est plus rationnel de faire correspondre les éléments comme l'a fait un enfant :

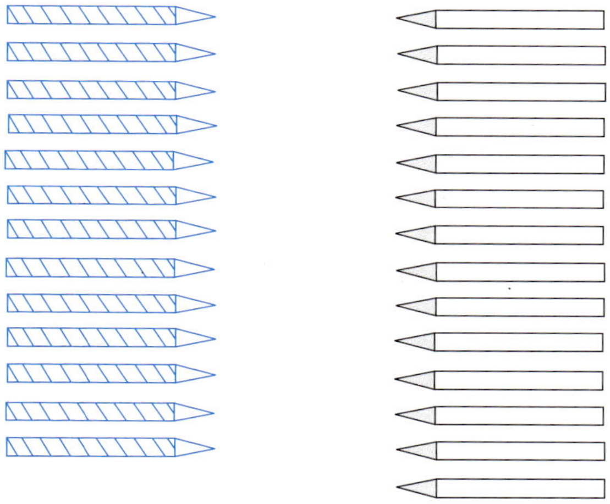

• Premiers problèmes

– *« Y a-t-il autant de garçons que de filles ? »*
⇨ Non, parce qu'une fille ne peut pas « donner la main » à un garçon.
Le maître reprend en termes mathématiques : « En effet, il n'y a pas correspondance entre tous les éléments. »
– *« Y a-t-il plus de garçons que de filles ? »*
⇨ Non, parce qu'il reste un crayon rouge tout seul.
Le maître insiste auprès des enfants et pose la question :
« Mais encore ? Comment savoir autrement ? »
⇨ Il faut compter.
13 G, 14 F, dans la comptine, 14 vient après 13, c'est donc qu'il y a *plus de* filles *que de* garçons.
On peut dire aussi : il y a *moins de* garçons *que de* filles.

• Autres problèmes

« Comment faire pour qu'il y ait autant de *G* que de *F ? »*
⇨ Il faut ajouter un crayon vert.
  Il faut retirer un crayon rouge.

• Réaliser cette égalité.

• **Disperser les crayons :** sans les remettre en ordre, comment savoir s'il y a toujours autant de verts que de rouges ?
⇨ Les enfants déduisent aussitôt qu'il faut **compter** les crayons verts et les crayons rouges.

● Évaluation :

Les enfants approchent la notion de nombre en manipulant des objets. Ils établissent des correspondances, observent des inégalités, déduisent des conséquences. C'est l'analyse logique d'une situation donnée.

● Prolongements :

• En classe, on peut réaliser un ruban gradué (du type mètre-ruban) donnant la suite des nombres de 1 à 31 (30 enfants, mois de 31 jours, etc.). Le ruban sera large pour être lisible. Comparer des nombres sur le ruban.
• Observer les nombres : les plus grands sont placés le plus loin dans l'ordre de la comptine numérique.

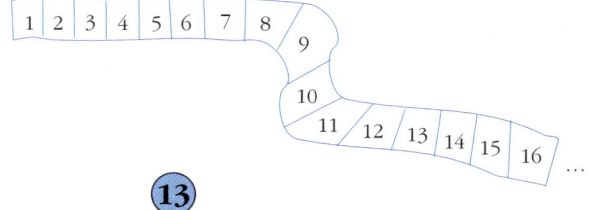

Des Activités Satellites

● AS 1 : Classement de nombres

Les enfants possèdent des étiquettes de nombres. Ils doivent les reclasser dans l'ordre croissant en se référant à la liste type qui est mise à leur disposition.

● AS 2 : « Le jeu des quantités »

Ce jeu porte sur les nombres de 1 à 5. On peut les comparer, les grouper (catalogue du Matériel éducatif Nathan).
Différentes approches symboliques sont possibles.

● AS 3 : Fiche de mathématiques

Établir des correspondances terme à terme.

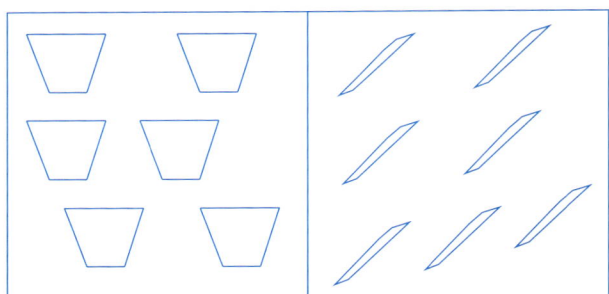

Consigne :
« Relie par un trait chaque paille à un verre. »

Observations pour le maître :

Séquence 5

ESPACE

CHANGEMENT DE PLACE

Une Unité Pédagogique

Titre : Changement de place
Nombre d'enfants : 10
Durée : 45 minutes
Reprises : 3 fois
Période de l'année : fin octobre, puis tous les deux mois

Des Activités Satellites

AS 1 — **Titre :** Tapis de sol quadrillé
Nombre d'enfants : 6

AS 2 — **Titre :** Découpage de figures géométriques
Nombre d'enfants : 8

AS 3 — **Titre :** Représentation
Nombre d'enfants : 8

Une UP cognitive avec le maître

● Matériel :

– un plan de la classe par enfant (voir schéma) ;
– deux plans de la classe grand format affichés au tableau. Le premier représente le plan *avant* le changement de place. Le deuxième représente le plan *après* le changement de place.

● Justification et motivation de l'UP :

Le maître a préparé pour chaque enfant une feuille polycopiée sur laquelle il a représenté la place qu'occupe actuellement l'enfant par une croix et la place qu'il va prendre par un rond.
Il présente un des plans aux enfants. Ceux-ci s'interrogent. Après plusieurs hésitations et suggestions, un enfant comprend qu'il s'agit d'un plan de la classe.
Surgissent alors d'autres interrogations.
– Pourquoi les croix ?
– Pourquoi les ronds ?

● Objectifs :

- Savoir se repérer sur un plan.
- Savoir tracer un parcours.
- Expliciter ses observations.

- Comparer les représentations de deux situations se déroulant à des moments différents.

● Stratégie :

• Présentation des plans
Le maître présente successivement tous les plans. Chaque enfant doit reconnaître le sien en fonction de la croix. Ceci implique différents points de repère par rapport au bureau, au couloir central, aux meubles de la classe…

Même s'il ne peut encore exprimer d'une manière très sûre qu'il est à droite ou à gauche du passage central, chaque enfant peut préciser s'il est placé au premier, au deuxième, au troisième ou au quatrième rang, et s'il est du côté des fenêtres ou de la porte d'entrée.

• Repérage de la nouvelle place

Suivant les plans, et toujours par rapport à des repères fixes (ici, les bancs de regroupement), les enfants peuvent évaluer s'ils reculent ou s'ils avancent. Peut-être certains resteront-ils sur le même rang.

On aura des symbolisations de ce type :

(recule) (avance) (est sur le même rang)

• Déplacement pour aller à sa nouvelle place

Chaque enfant sera chargé de tracer sur son plan le déplacement qu'il doit effectuer pour se rendre à sa nouvelle place : plusieurs trajets sont possibles.

Grâce à ce codage, l'enfant «voit» de quelle place il part et vers quelle place il se dirige (*cf.* dessin ci-dessous).

Ensuite, chacun change effectivement de place en emportant ses crayons, ses cahiers, etc.

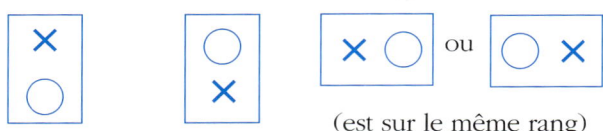

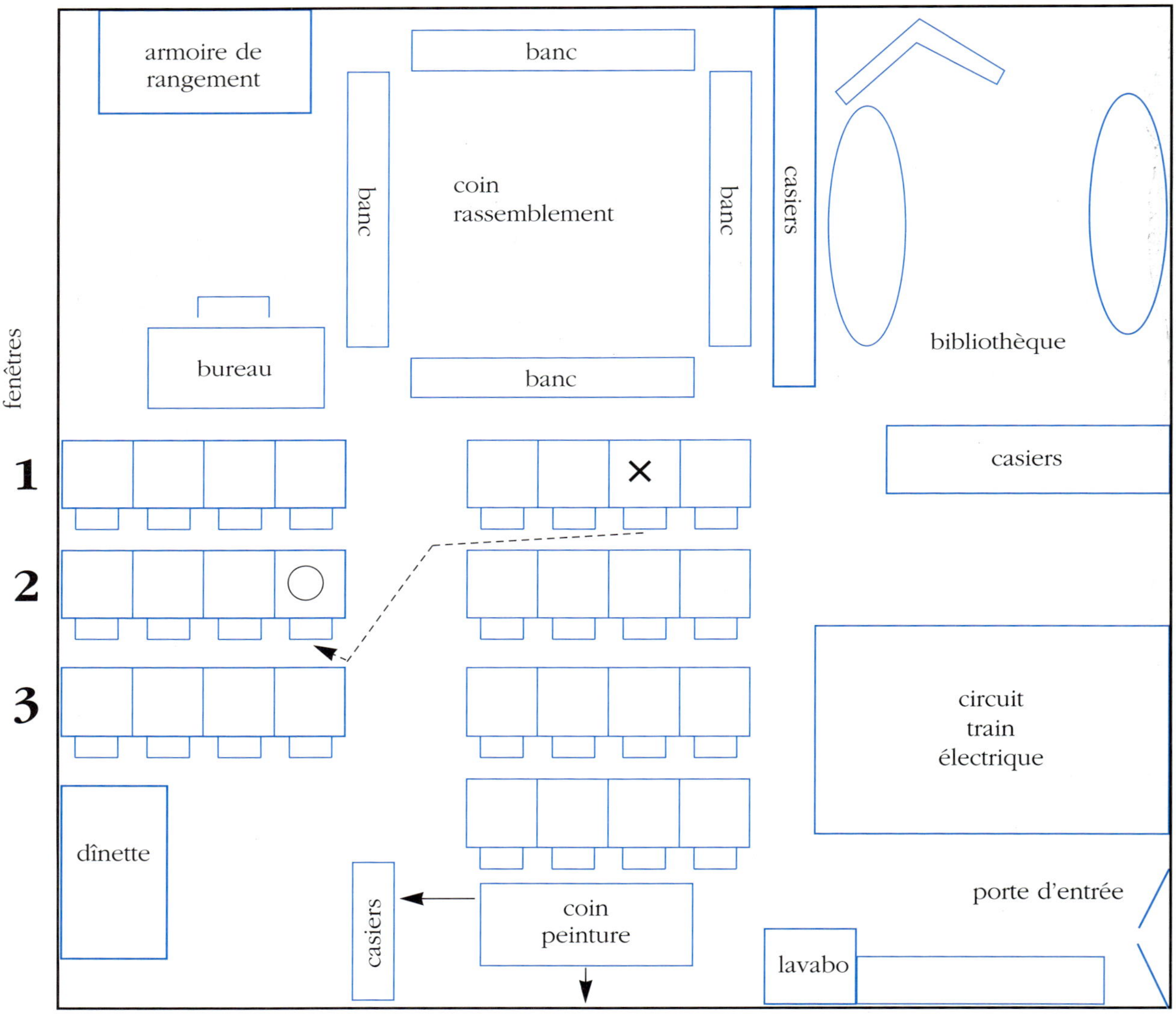

× place occupée en septembre-octobre
○ place nouvelle pour novembre-décembre

Plan de la classe

- **Regroupement**

Le maître opère un regroupement près du tableau où sont affichés les **deux plans** grand format qui détermineront **deux moments différents :**
– avant le changement de place ;
– après le changement de place.
Chaque enfant viendra tour à tour coller une étiquette-prénom autocollante sur les deux tableaux.
Ce document sera un témoignage collectif et permettra à tous les enfants de «lire» les déplacements des autres enfants (*cf.* dessin ci-dessous).

Par la suite, on pourra dresser un tableau récapitulatif et comparer les différentes possibilités :

enfants ayant avancé	enfants ayant reculé	enfants restés sur le même rang
Sophie Vincent Thomas Joyce	Audrey	Karl

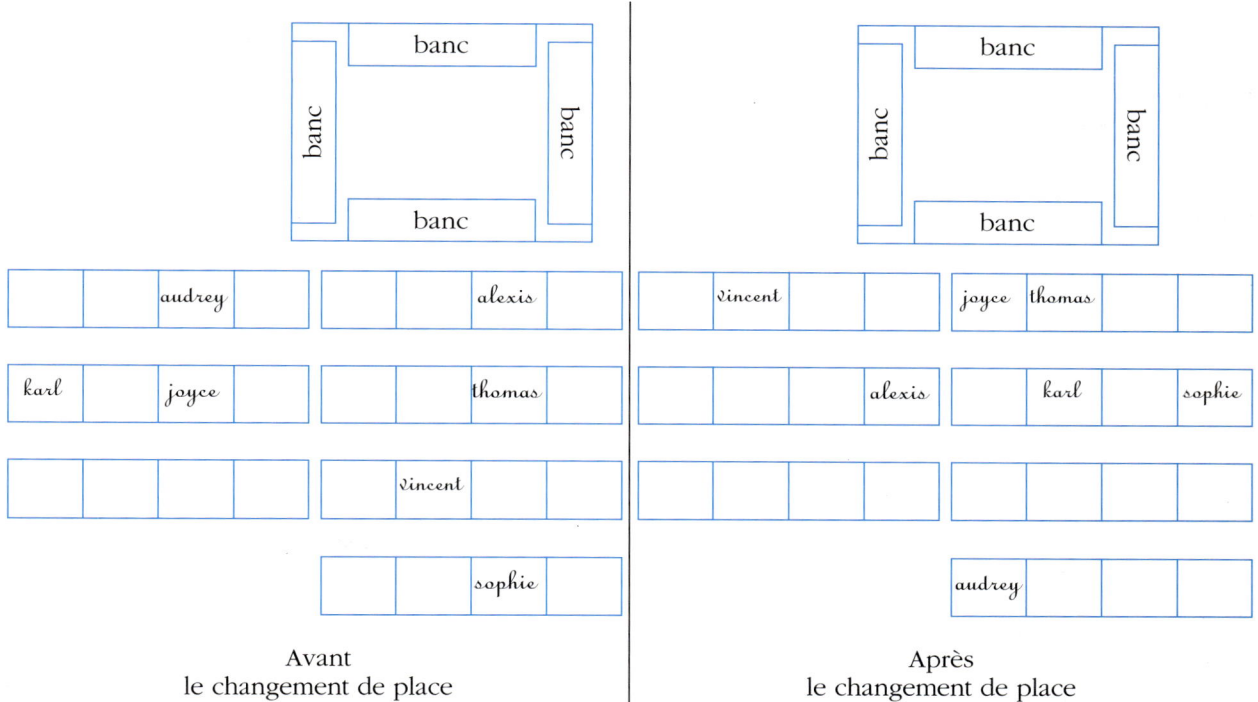

Avant le changement de place

Après le changement de place

- **Évaluation :**

Le bilan sera positif si chaque enfant :
– réussit à changer de place sans se tromper ;
– trace correctement son déplacement sur son plan ;
– sait expliquer oralement sa position par rapport aux rangées et par rapport aux autres enfants ;
– utilise des termes relatifs à l'espace et au temps.

Exemple : «**Avant**, j'étais au premier rang, **maintenant**, je suis au troisième rang : j'ai reculé de deux rangs ; j'ai changé de côté. Avant, j'étais **à côté** d'Antoine, maintenant je suis placé **entre** Sophie et Anne.»
– sait utiliser les temps des verbes au présent et au passé.

● Prolongements :

• On peut fabriquer un plan de la classe en dessinant puis en découpant les différents éléments : tables, bureau, bancs, etc.

• Tous les deux mois, on effectuera de nouveaux repérages dans l'école, puis on en dressera le plan afin d'en faire la lecture avec les enfants.

Des Activités Satellites

● AS 1 : Tapis de sol quadrillé

(Voir le catalogue du Matériel éducatif Nathan.)
Ce jeu de repérage sur quadrillage prépare l'enfant au tableau cartésien. Ce grand tapis de classement présente des bandes de référence pour le classement vertical et horizontal.

● AS 2 : Découpage de figures géométriques

Les figures géométriques que les enfants auront découpées serviront à constituer un plan qu'ils auront organisé.

● AS 3 : Représentation

Les enfants qui ont déjà suivi l'Unité Pédagogique pourront représenter sur un plan individuel des éléments particuliers à la classe : par exemple le train électrique, le coin peinture, la bibliothèque, etc. Puis ils colorieront les bancs et les meubles ainsi schématisés.

Observations pour le maître :

Séquence 6

LOGIQUE

FABRICATION D'UN JEU DE DOMINOS

Une Unité Pédagogique	Des Activités Satellites	
Titre : Fabrication d'un jeu de dominos	AS 1	**Titre :** Fabrication de dizaines **Nombre d'enfants :** 6
Nombre d'enfants : 10 **Durée :** 45 minutes	AS 2	**Titre :** Jeu de dominos **Nombre d'enfants :** 6
Reprises : 3 fois **Période de l'année :** janvier	AS 3	**Titre :** Jeu de dominos **Nombre d'enfants :** 6

Une UP cognitive avec le maître

● Matériel :

– 60 dominos vierges (voir le catalogue du Matériel éducatif Nathan) ;
– des gommettes.

● Justification et motivation de l'UP :

En classe, les enfants ont joué aux dominos.
Ils ont envie d'emporter un jeu chez eux.
Ils décident d'en créer eux-mêmes : ce jeu comportera à la fois des constellations et des chiffres.

● Objectifs :

- **S'organiser** dans un espace donné.
- **Faire correspondre** la quantité et le chiffre.
- **Développer** l'esprit de déduction.
- **Comprendre** et **respecter** une règle de jeu.
- **Faire une approche** du tableau à double entrée.

● Stratégie :

- **Premières réalisations**
Consignes du maître :
– réaliser deux dominos différents ;
– les gommettes sont collées à gauche du domino, le chiffre est écrit à droite.
Il n'y a pas de consignes particulières pour la disposition des gommettes.
À leur table, les enfants réalisent leurs deux dominos et reviennent au coin regroupement.

- **Discussion**
– On examine ensemble les réalisations.
– On élimine celles qui ne sont pas conformes aux consignes.
– On écarte les dominos qui sont identiques : dans un jeu de dominos, il n'y en a pas deux semblables.
– On constate que les « doubles » sont un cas particulier.

• **Premiers essais d'assemblages**
Les premières productions ne permettent pas de constituer «une chaîne» continue. Il manque des éléments. Lesquels ?
Peu à peu, le maître amènera les enfants **au raisonnement déductif**.
Exemple : si une chaîne s'arrête sur un 5

et qu'une autre commence par un ∘∘∘

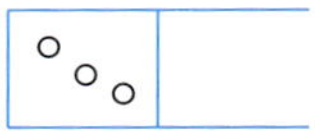

quel domino permettra de relier les deux chaînes ?

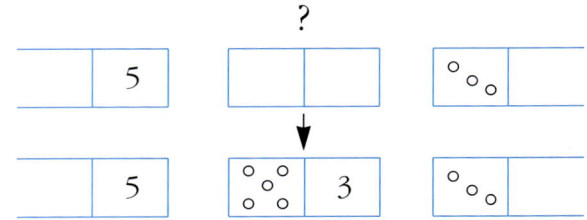

On utilisera alors les dominos vierges restant pour compléter les espaces entre les chaînes.

• **Le jeu est-il entier ?**
Il est nécessaire de classer les dominos.
Exemple : classement des **6**.

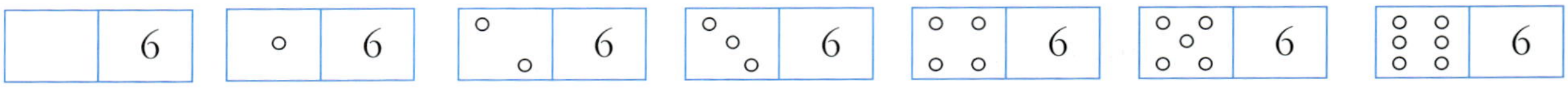

| 6 | ∘ 6 | ∘∘ 6 | ∘∘∘ 6 | ∘∘∘∘ 6 | ∘∘∘∘∘ 6 | ∘∘∘∘∘∘ 6 |

On s'aperçoit que les gommettes sont rangées en quantité croissante.
Il en est de même pour le tri des autres chiffres.
On obtient un agencement de dominos de ce type :

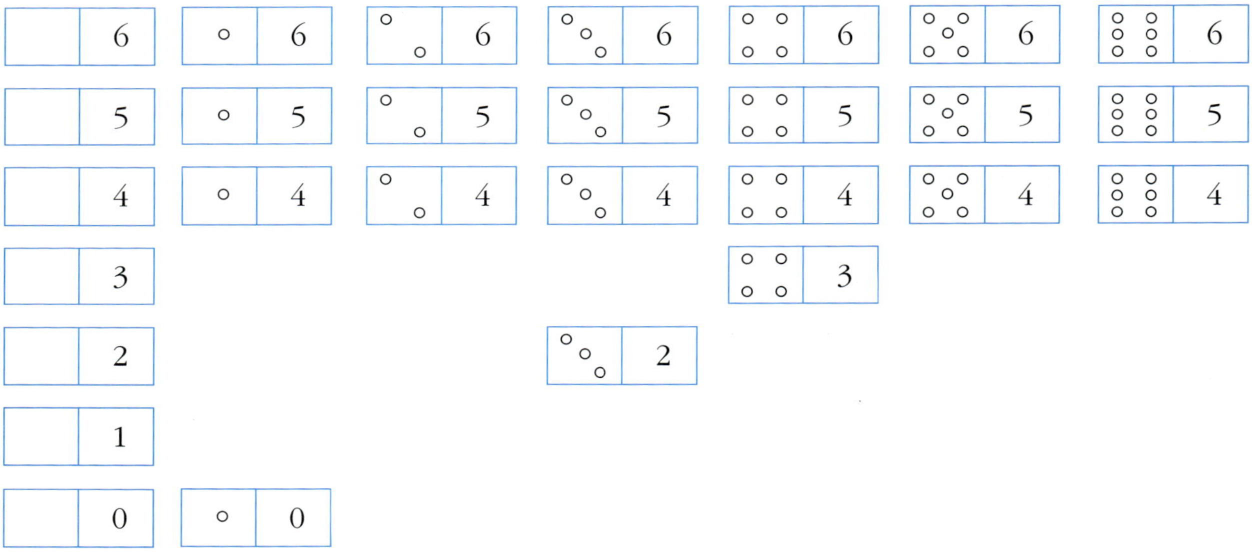

6	∘ 6	∘∘ 6	∘∘∘ 6	∘∘∘∘ 6	∘∘∘∘∘ 6	∘∘∘∘∘∘ 6
5	∘ 5	∘∘ 5	∘∘∘ 5	∘∘∘∘ 5	∘∘∘∘∘ 5	∘∘∘∘∘∘ 5
4	∘ 4	∘∘ 4	∘∘∘ 4	∘∘∘∘ 4	∘∘∘∘∘ 4	∘∘∘∘∘∘ 4
3				∘∘∘∘ 3		
2		∘∘∘ 2				
1						
0	∘ 0					

C'est une première approche du tableau à double entrée.

• Évaluation :

• Les enfants sont-ils capables ou non de résoudre les problèmes qui se posent au cours de la fabrication :
– du point de vue matériel ?
– du point de vue logique ?
• Le maître vérifiera que les enfants savent écrire correctement les chiffres, que la notion d'équivalence ou de différence est acquise, et évaluera la capacité de chacun à classer les dominos.
• La notion du jeu est-elle acquise ou non ? Le maître présente une fiche sur laquelle se succèdent plusieurs dominos à compléter : si le jeu est compris, les enfants sont capables de la remplir avec succès (*cf*. dessin p. 21).

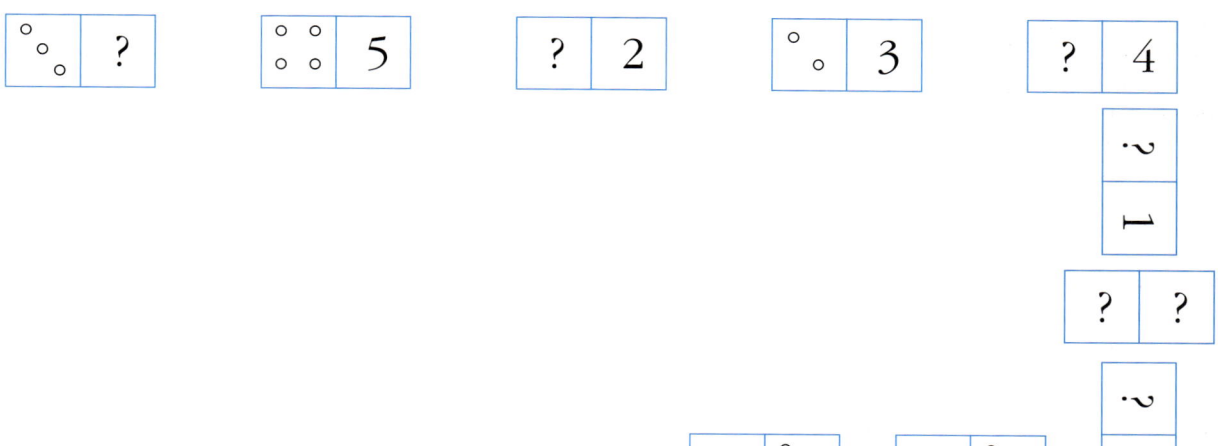

● Prolongements :

• **Jeu : le domino manquant**
Comme pour le jeu du pouilleux, le maître écarte une pièce du jeu : les enfants sont chargés de l'identifier :
– soit par un classement,
– soit au cours d'une partie.

• Constituer d'autres jeux de dominos à partir des dominos écartés au départ.
• Réaliser de nouveaux jeux avec d'autres critères :
– à partir des gommettes uniquement ;
– à partir de formes ;
– à partir d'objets.

Des Activités Satellites

● AS 1 : Fabrication de dizaines

Consigne : regrouper dix tickets d'autobus et les attacher ensemble en passant un fil dans les trous d'oblitération. Ce matériel servira par la suite pour concrétiser des quantités importantes.

● AS 2 : Jeu de dominos

Les enfants sont séparés en deux groupes de trois. Ils jouent aux dominos en respectant la règle du jeu.

● AS 3 : Jeu de dominos

Autre groupe de jeu.

Observations pour le maître :

Séquence 7

LOGIQUE

TABLEAU CARTÉSIEN

Une Unité Pédagogique		Des Activités Satellites
Titre : Tableau cartésien **Nombre d'enfants :** 6 à 9 **Durée de l'UP :** 2 fois 40 minutes **Reprises :** 3 fois **Période de l'année :** janvier	AS 1 AS 2 AS 3	**Titre :** Jeux de cartes avec règles **Nombre d'enfants :** 6 à 8 **Titre :** Jeu des différences **Nombre d'enfants :** 6 à 8 **Titre :** Reproduction de figures **Nombre d'enfants :** 6 à 8

Une UP cognitive avec le maître

● **Matériel :**

– des dessins d'arbres (voir Stratégie) réalisés par le maître sur de grandes feuilles de papier Canson ;
– des cubes fabriqués et illustrés (dés) ;
– des feuilles cartonnées genre bristol ;
– des cartes réalisées en bristol par photocopies de dessins d'enfants.

● **Justification et motivation de l'UP :**

Découverte du tableau cartésien à partir de jeux. La fabrication d'un jeu favorisera la créativité des enfants.

● **Objectifs :**

• Repérage de cases verticalement et horizontalement.
• Raisonnement : loi de composition.
• Codage et décodage.

● **Stratégie :**

• **Première étape : repérage vertical**
Les enfants sont groupés par trois ou par six.
Ils reçoivent une feuille où le maître a dessiné des arbres.

– Nommer les arbres : pommier, peuplier, sapin.
– Numéroter à partir du bas les « trous des écureuils ».
– Placer des objets dans des cases définies par le maître. Exemple : « *Trou n° 3 du sapin* ».
– Placer des objets dans des cases définies par un autre enfant.

• **Seconde étape :
repérage vertical et horizontal**
Les enfants sont toujours groupés par trois ou par six.

Le maître a dessiné des maisons de couleurs différentes (blanc, jaune, rouge, orange, vert, noir).

	Bl	J	R	O	V	N
6						
5						
4						
3						
2						
1						

– Découper les maisons et les coller côte à côte pour former une «cité».
– Remarquer que les étages sont alignés.
– Trouver une solution «économique» pour numéroter les étages : numérotation à l'extérieur du dessin.

Les enfants jouent à tour de rôle avec deux dés : l'un portant les couleurs (pastilles collées sur les faces d'un dé à jouer) ; l'autre portant, selon le niveau des enfants, les constellations ou les chiffres écrits sur des pastilles.

Ils placent leurs pions (six pions par enfant) sur la case indiquée par les dés. Exemple : 5 jaune.
Si une case est déjà occupée, l'enfant passe son tour.
Le joueur qui a le premier placé ses six pions a gagné.

• **Création d'un jeu**

Au cours d'autres séquences, on a demandé aux enfants de dessiner des arbres. Cinq dessins d'enfants représentant cinq arbres différents sont reproduits en six exemplaires (photographiés) et collés sur des cartes format 5 × 5 cm.
– On colorie les dessins sur les cartes : chacun des cinq arbres d'une même espèce reçoit une couleur différente : vert, jaune, orange, rouge, rose, noir.
Toutes les cartes étant coloriées, on les classe dans un tableau de 30 cases selon un ordre logique (tableau cartésien à découvrir).
Le jeu étant destiné à d'autres groupes, il faut indiquer en tête de ligne et de colonne le critère de classement.

● Notes pour le maître :

Ces activités se feront parallèlement avec des exercices de déplacement sur des quadrillages réalisés en salle de jeux.
Au cours des reprises, on créera des jeux de même type, mais avec des thèmes différents :

– voitures + couleurs,
– maisons avec toits et portes de formes et/ou de couleurs différentes,
– personnages «habillés».

● Évaluation :

Rejouer au «jeu des arbres» que l'on a créé afin de vérifier la compréhension et le respect des règles.

Jouer à d'autres jeux utilisant des tableaux cartésiens.

● Prolongements :

Réaliser des tableaux à double entrée pour :
– la répartition des enfants en ateliers ;
– le calendrier météo ;
– des plans de travail.

Des Activités Satellites

● AS 1 : Jeux de cartes avec règles

– Jeu de bataille.
– Classements de «réussites».

● AS 2 : Jeu des différences

– Cocher les différences entre les dessins (il y en a 8).
– Colorier les dessins avec les mêmes couleurs.

● AS 3 : Reproduction de figures

Terminer les dessins et les reproduire à côté.

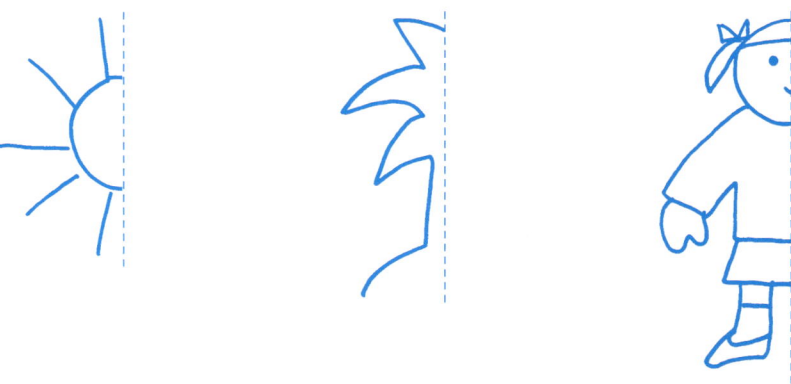

Séquence 8

ESPACE

POSITION RELATIVE DES OBJETS

Une Unité Pédagogique		Des Activités Satellites
Titre : Position relative des objets **Nombre d'enfants :** 8 **Durée :** 30 minutes **Reprises :** 5 fois **Période de l'année :** février	AS 1 AS 2 AS 3	**Titre :** Découpage - collage **Nombre d'enfants :** 7 **Titre :** Collage de gommettes **Nombre d'enfants :** 7 **Titre :** Jeu «Les points de vue» **Nombre d'enfants :** 8

Une UP cognitive avec le maître

● **Matériel :**

Tout le «petit matériel» existant dans les classes (petites voitures, personnages en bois, jeu de construction, etc.).

● **Justification et motivation de l'UP :**

Au cours des jeux libres, dans le coin regroupement, des enfants ont élaboré un paysage. Au moment du rassemblement, assis sur les bancs, ils parlent de ce qu'ils voient et s'aperçoivent que leur perception du paysage est différente suivant la place qu'ils occupent.
On reprendra cette notion avec un petit groupe de la classe pour que chacun puisse s'exprimer librement.

● **Objectifs :**

• **Construire** l'espace.
• Conduire l'enfant à **percevoir** la position des objets en fonction de la place qu'il occupe.
• **Utiliser** un vocabulaire précis pour décrire une situation.

• Stratégie :

Rassembler les enfants en carré autour d'un espace « à construire ».
Puis leur faire créer un paysage simple avec le petit matériel dont on dispose dans la classe. Les enfants viennent tour à tour placer un objet.
Quand le décor est suffisamment riche, préciser la position d'un élément par rapport aux autres.
Le maître interroge des enfants qui sont assis sur des bancs différents : leur vision et l'explication qu'ils donnent sur le rapport des objets entre eux sont différentes.

Analyse de la situation

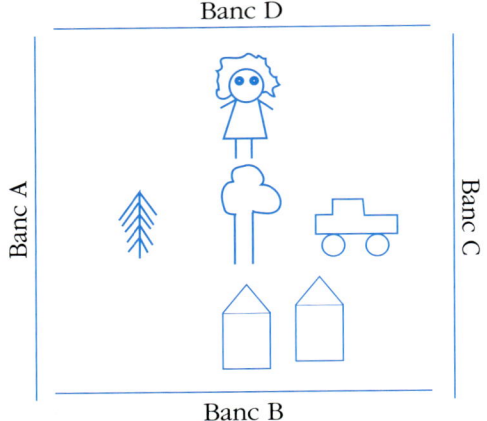

• **Interrogation de plusieurs enfants**
Selon qu'un enfant occupe le banc A, le banc B, le banc C, le banc D, on aura des analyses de l'ordre :

– banc A ⇨ Le sapin est *devant* le chêne.
Les maisons sont *à droite* du sapin.

– banc B ⇨ Le sapin est *à gauche* du chêne.
Les maisons sont *devant* le chêne.

– banc C ⇨ La voiture est *devant* le chêne.
Le personnage est *à droite* du chêne.

– banc D ⇨ Le personnage est *devant* le chêne.
Le sapin est *à droite* du chêne.

• **Un seul enfant intervient et se déplace**
Le maître propose à un enfant d'exprimer ce qu'il constate en se plaçant sur le banc A, puis il l'invite à s'asseoir sur le banc B : peut-il dire la même chose des objets placés sur la table ? Le maître demande ensuite à l'enfant de s'asseoir sur les bancs C et D.

Peu à peu l'enfant réalise que son interprétation est relative à sa position.

• Évaluation :

• Chaque enfant situe un objet par rapport à un autre ou par rapport à lui-même, et répond en exprimant sa version personnelle de la situation.
Le maître est attentif à l'expression correcte : placé *devant, derrière, à gauche, à droite, au centre.*
Faire remarquer l'ambiguïté du terme *à côté de*, qui n'est ni précis ni significatif.

• Le maître évaluera si l'enfant possède une bonne latéralisation ou non.

• Le maître fera réutiliser à l'enfant des termes de positionnement au cours d'exercices de motricité.

• Prolongements :

• Il est nécessaire de refaire cet exercice en utilisant une autre situation et un autre matériel.
• Le maître pose la question suivante : « Si l'on introduit les termes *dessus* ou *dessous*, le positionnement varie-t-il selon la place occupée ? »

L'enfant remarque que ce cas de figure ne fait pas varier sa réponse.
• Déplacements sur un quadrillage :
– déplacements d'enfants,
– déplacements d'objets.

Des Activités Satellites

● AS 1 : Découpage - collage

Ce travail est en rapport avec le thème.
Consigne : redisposer les objets découpés de la feuille n° 1 sur la feuille n° 2 comme l'indique la feuille n° 3.

    feuille n° 1   feuille n° 2   feuille n° 3

● AS 2 : Collage de gommettes

Consigne : reconstituer des colonnes composées de trois éléments différents avec des gommettes adhésives rondes, carrées ou triangulaires.

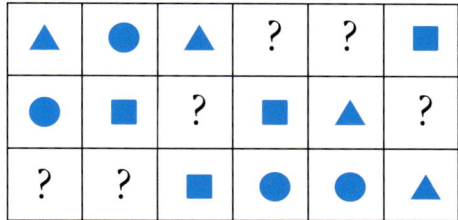

● AS 3 : Jeu « Les points de vue »

(Voir le catalogue du Matériel éducatif Nathan.)
Les enfants doivent identifier un même objet photographié sous un angle différent.

· ·

Observations pour le maître :

Séquence 9

ESPACE

TANGRAM

Une Unité Pédagogique	Des Activités Satellites	
Titre : Tangram **Nombre d'enfants :** 8 à 10 **Durée de l'UP :** 30 minutes **Reprises :** 3 fois **Période de l'année :** toute l'année	AS 1 AS 2 AS 3	**Titre :** Blocs logiques **Nombre d'enfants :** 6 à 8 **Titre :** Jeu de points **Nombre d'enfants :** 6 à 8 **Titre :** Jeux géométriques **Nombre d'enfants :** 6 à 8

Une UP cognitive avec le maître

● Matériel :

– un Tangram : jeu comprenant des pièces et des planches de silhouettes à reproduire (voir le catalogue du Matériel éducatif Nathan) ;
– un Tangram grand modèle réalisé par le maître et exposé au tableau (Blue-tack ou pions magnétiques) ;
– des jeux dessinés et photocopiés par le maître (deux par enfant).

● Justification et motivation de l'UP :

Le Tangram est un «casse-tête chinois» traditionnel, un jeu d'adulte qui valorise les enfants. Son aspect ludique permet d'aborder de nombreuses propriétés géométriques.

● Objectifs :

• **Structurer l'espace :** reproduire des figures dans le plan. Changer de plan (horizontal / vertical).
• **Activités géométriques :** reconnaissance de formes ; approche des propriétés des figures.

• **Anticipation :** choisir des pièces pour reconstituer une forme.

● Stratégie :

• **Première séquence : découverte du Tangram**
Distribuer aux enfants un Tangram polycopié où les différentes formes sont dessinées.

Première consigne
Faire décrire aux enfants ce qu'ils voient : certains perçoivent directement les formes, d'autres les associent pour former des représentations figuratives.
On isolera la représentation désignée pour analyser ses constituants.

Deuxième consigne
Nommer toutes les pièces avec précision
– en les triant ;
– en les désignant sur le Tangram vertical posé au tableau.
Afin de bien préciser, le maître peut dessiner ou montrer ces figures isolées (éventuellement de taille et de couleur différentes).
Distinguer :
   – grand et petit triangle ;
   – losange (souvent confondu avec le carré) ;
   – parallélogramme : mot inconnu de l'enfant.

Troisième consigne
– Découper soigneusement le Tangram sur les traits, isoler les pièces et les désigner sur la deuxième figure non découpée.
– Reconstituer le puzzle sur cette deuxième figure.

• **Notes pour le maître :**
On peut faire coller les pièces sur la deuxième figure : des problèmes de retournement intéressants peuvent apparaître. Il faut alors prévoir de donner aux enfants un troisième Tangram découpé pour les séquences suivantes.

• **Deuxième séquence : reproduction de figures**
– À l'aide du Tangram découpé, reproduire des silhouettes sur des modèles avec des formes dessinées.
– Reproduire des formes géométriques correspondant à une association d'autres figures : d'abord avec des figures dessinées, puis par perception directe.
– Créer des silhouettes à l'aide des formes du Tangram.

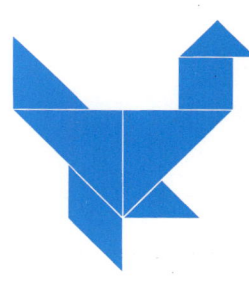

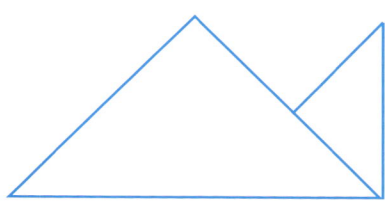
montagne

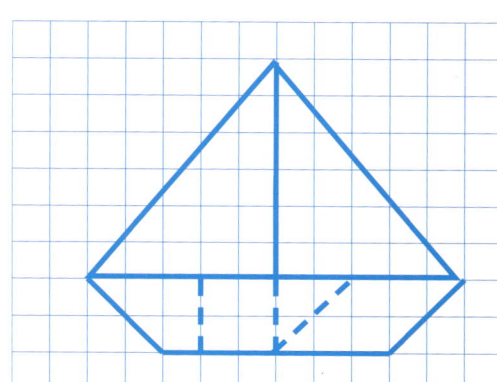
bateau

Des Activités Satellites

● AS 1 : Blocs logiques

Disposer, puis dessiner et colorier des blocs dans le tableau :

	△	▭	▫	○
bleu				
jaune				
rouge				

● AS 2 : Jeu de points

Relier les points dans l'ordre des nombres puis colorier le dessin.

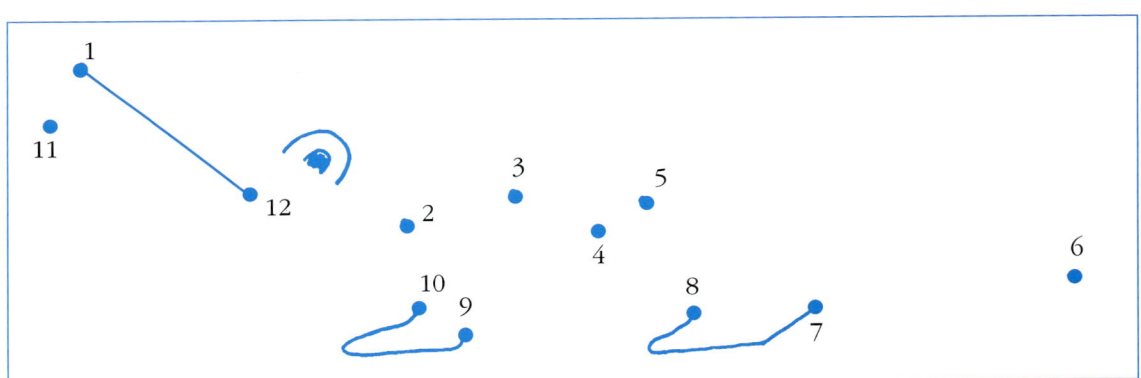

● AS 3 : Jeux géométriques

Reproduction de figures à l'aide de matériel structuré du type Géométrix ou Organicolor (voir le catalogue du Matériel éducatif Nathan).

Observations pour le maître :

Séquence 10

MESURE

MESURER DES LONGUEURS

Une Unité Pédagogique		Des Activités Satellites
Titre : Mesurer des longueurs **Nombre d'enfants :** 8 à 10 **Durée de l'UP :** 2 séquences de 30 minutes **Reprises :** 3 fois **Période de l'année :** mars	AS 1 AS 2 AS 3	**Titre :** Puzzle **Nombre d'enfants :** 6 à 8 **Titre :** Dessin en symétrie **Nombre d'enfants :** 6 à 8 **Titre :** Construction de figures **Nombre d'enfants :** 6 à 8

Une UP cognitive avec le maître

● **Matériel :**

– des bandes de papier (solide) découpées par le maître :
  ⇨ de différentes couleurs et de même longueur,
  ⇨ de différentes longueurs et de même couleur ;
– du fil, de la ficelle ou de la laine ;
– des feuilles de papier crépon et des ciseaux.

● **Justification et motivation de l'UP :**

Au cours des situations courantes de la vie de la classe, évaluer des longueurs puis les comparer.
Faire face à des situations problématiques d'aspect pratique ou ludique (compétition).

● **Objectifs :**

• **Évaluer** et enrichir les connaissances empiriques des enfants.
• **Approcher** la notion de longueur : propriété intrinsèque différente de la notion de nombre d'éléments et de la notion de forme.
• **Utiliser** un objet étalon : comparer, approcher la notion d'unité.

● Stratégie :

• **Première séquence : comparaisons directes**
– Des rubans de gymnastique rythmique et sportive sont apportés dans la classe. Le maître demande aux enfants de les répartir dans trois corbeilles pour petits, moyens et grands.
– Les enfants qui ont déjà travaillé sur la comparaison de leur propre taille prennent deux rubans et essaient de déterminer si le ruban le plus long est « moyen » ou « grand ». Ils choisissent un ruban « étalon » pour chaque corbeille et y comparent les autres. Il leur faut alors évaluer intuitivement à quelle « catégorie » il peut appartenir.

Première consigne : fabriquer des longueurs égales
Le nombre de rubans étant insuffisant pour toute la classe, on décide d'en fabriquer de nouveaux avec des bandes de papier crépon. Il s'agit de coller (ou agrafer) et redécouper des bandes de crépon pour obtenir un ruban de longueur égale à celui que l'on a pris dans la corbeille.

Seconde consigne : mise en commun
– Comparer toutes les productions à un même ruban étalon et constater l'égalité de longueur.
– Choisir une unité de mesure (largeur d'une feuille de crépon). Fabriquer des rubans de même longueur que le ruban étalon (avec quatre ou cinq unités par exemple).
On constate que quelle que soit la couleur choisie (différente du modèle), tous les rubans comportant le même nombre d'unités sont de même longueur.

• **Seconde séquence : comparaisons avec l'aide d'un instrument**
Situation-problème
Parmi des bandes de papier prédécoupées, choisir celles qui serviront à encadrer des dessins (feuilles rectangulaires 55 × 65 cm).
Les dessins sont affichés, on ne peut les déplacer.
Les enfants mesurent à l'aide de fils les dimensions d'un dessin. Puis ils cherchent les bandes de même longueur.
Souvent l'enfant trie immédiatement par couleur, sans se donner la peine de mesurer les bandes.
Devant l'échec de l'encadrement, il constate que l'on doit à nouveau comparer les bandes deux à deux, ou comparer à une bande choisie une fois pour toutes.
On constate que des bandes de même longueur peuvent être de couleurs différentes ou de largeurs différentes.

● Notes pour le maître :

Certains enfants ont déjà acquis une expérience dans le domaine de la mesure et réclament un mètre. Le maître peut leur en donner un, ils se trouveront alors confrontés à la notion de graduation qui pourra faire l'objet d'autres séquences.

● Évaluation :

Jeux « concours » par deux ou trois :
– fabriquer un ruban de même longueur que celui de son voisin ;
– fabriquer le plus long ruban possible avec des bandes de papier ;
– comparer les productions.

● Prolongements :

Jeux d'identification :
– repérer des morceaux de rubans de même longueur, les colorier de la même couleur ;
– mesurer des segments en reportant plusieurs fois un objet choisi comme unité ;
– créer et utiliser une graduation.

Des Activités Satellites

● AS 1 : Puzzle

Découper les pièces et coller celle qui complète le puzzle.

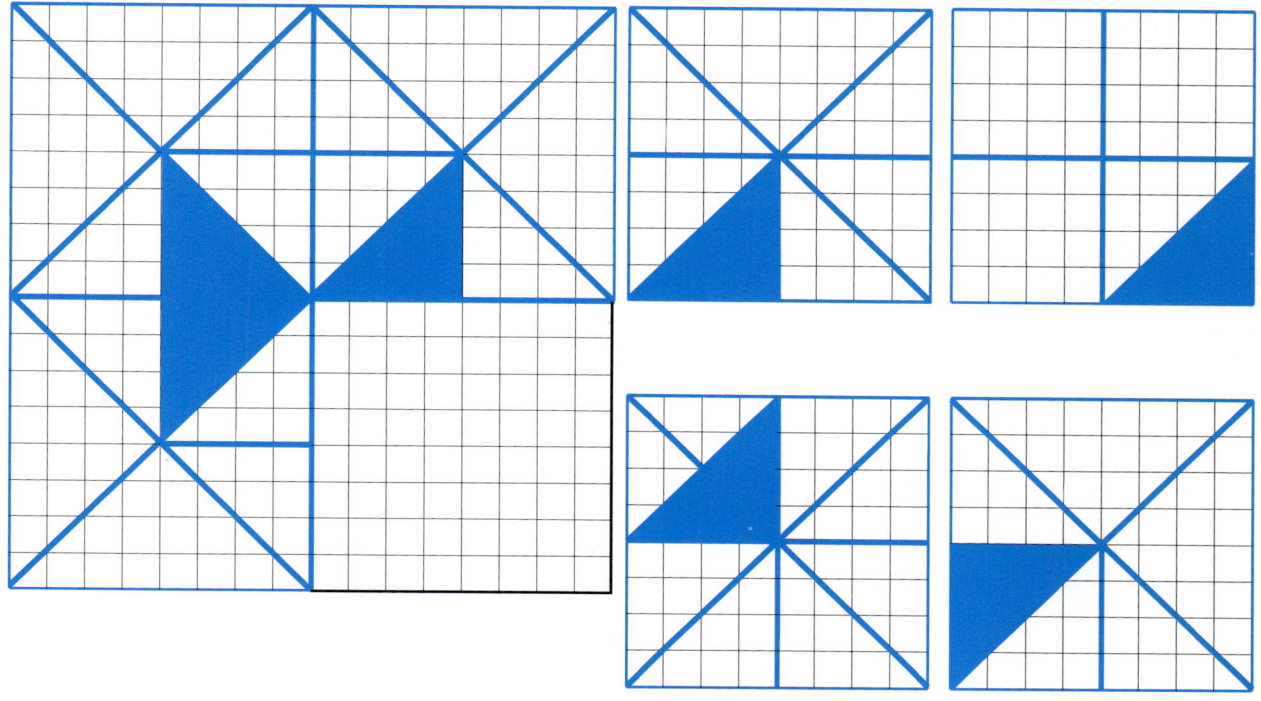

● Terminer le dessin du puzzle.

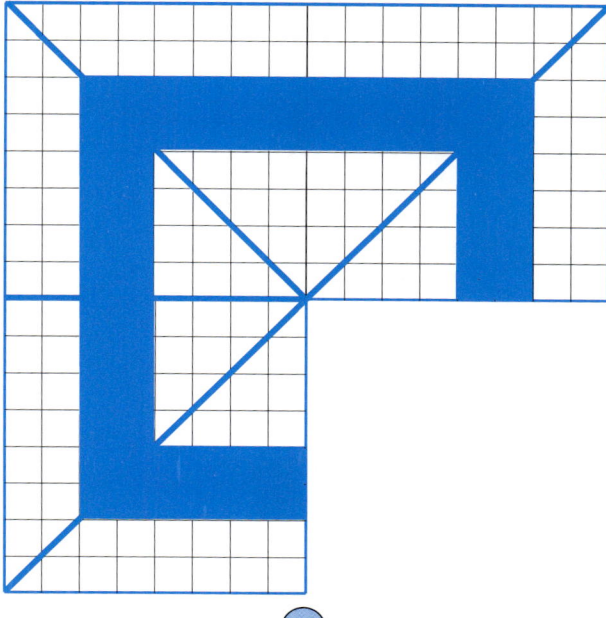

● AS 2 : Dessin en symétrie

Colorier de la même couleur (ou de la même façon) le paysage et son reflet dans la rivière.

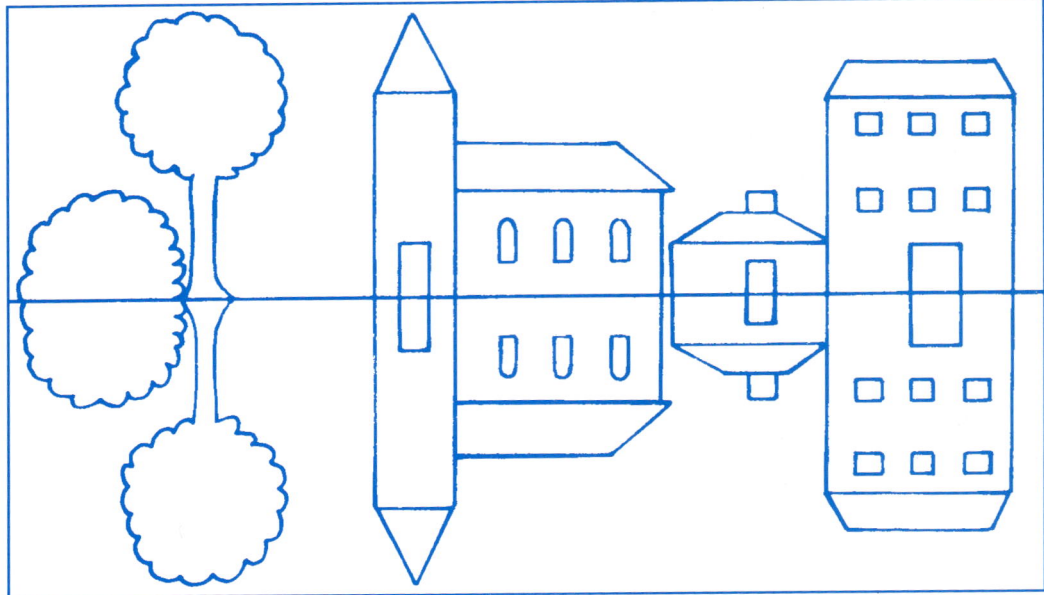

● AS 3 : Construction de figures

À l'aide de bandes de papier, composer des chemins.

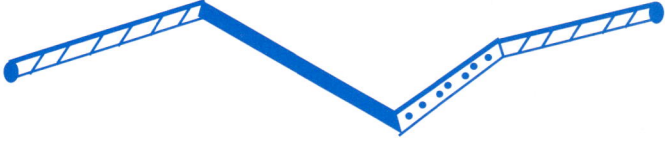

Les chemins seront :
– pareils à celui-ci ;
– de même longueur, avec des couleurs différentes ;
– de même couleur, avec des longueurs différentes ;
– d'une autre forme et de même longueur.

• •

Observations pour le maître :

Séquence 11

LOGIQUE

ACTIVITÉS DE PARTAGE

Une Unité Pédagogique		Des Activités Satellites
Titre : Activités de partage **Nombre d'enfants :** 8 **Durée de l'UP :** 2 séquences de 20 minutes **Reprises :** 3 fois **Période de l'année :** mars	AS 1 AS 2 AS 3	**Titre :** Jeux avec des balances **Nombre d'enfants :** 6 à 8 **Titre :** Reproduction de dessins sur quadrillage **Nombre d'enfants :** 6 à 8 **Titre :** Reproduction de dessins avec des gommettes **Nombre d'enfants :** 6 à 8

Une UP cognitive avec le maître

● **Matériel :**

Quatre collections de 28 à 30 objets semblables (bonbons, sucettes, mini-boîtes de Smarties…), chaque collection étant présentée séparément.

● **Justification et motivation de l'UP :**

• Les enfants ont déjà procédé à de nombreuses activités de tri (sans intervention du nombre).
• En vue d'un goûter d'anniversaire, le maître demande de partager des friandises entre les convives de deux tables.

● **Objectifs :**

• **Inventer** des procédures de partage.
• **Verbaliser** ces procédures et les représenter.
• **Procéder** au comptage.

● **Stratégie :**

• **Première séquence : partage d'une collection**
Les enfants travaillent par deux.
Première consigne
Partager équitablement une collection de friandises pour les deux tables du goûter.
On observe deux types de procédure :
– comptage un-un ;
– séparation approximative, suivie ou non d'un ajustement en comptant les éléments.

Deuxième consigne
Grâce à la disposition des objets, on doit voir si le partage est équitable.

Bonbons
Disposition en ligne et correspondance terme à terme. Souvent, les enfants s'efforcent de mettre face à face les bonbons semblables.

Troisième consigne
Représenter les partages en respectant le nombre et la disposition.

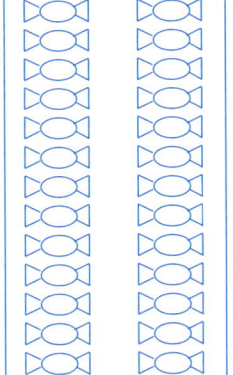

Smarties
Disposition en paquets de configuration identique. Le comptage intervient comme moyen de vérification.

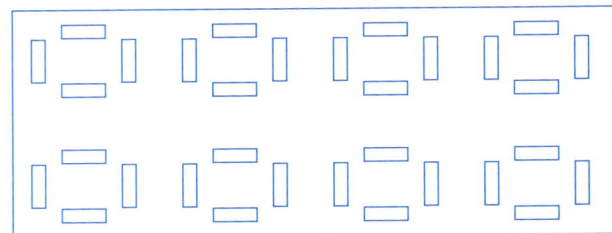

- **Seconde séquence : situation - problème**

Pour partir en promenade, les vingt enfants de la classe doivent être répartis entre cinq adultes accompagnateurs.
Les enfants sont représentés par l'étiquette de leur prénom.
Après une phase de tâtonnement, l'enfant comprend qu'il faut aussi représenter les adultes et leur attribuer un «territoire» où seront réunies les étiquettes des enfants.
Deux types de procédure apparaissent :
– distribution des étiquettes une à une et au hasard ;
– groupement des étiquettes par «affinités des propriétaires» et ajustement au niveau du nombre.

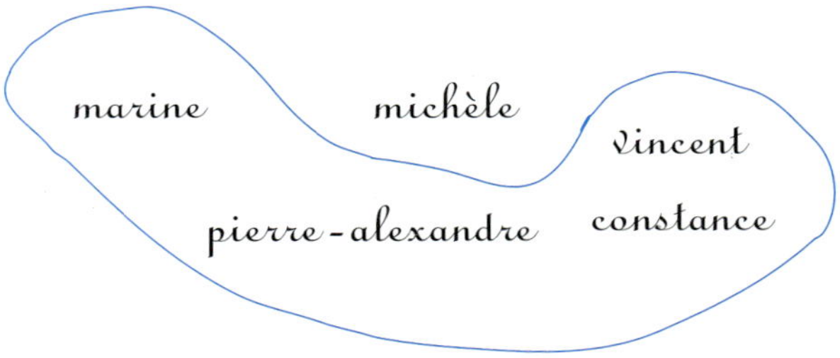

Représenter la situation
À partir des étiquettes-prénoms, dessiner les groupes qui partiront en promenade.

● Évaluation :

- Savoir représenter schématiquement les jeux d'éducation physique et sportive demandant des groupements d'enfants (jeu des écureuils par exemple).

- Construire des constellations comprenant le même nombre d'objets (à partir de collections données).

● Prolongements :

- Faire partager des collections plus importantes.
- Faire partager la même collection en utilisant des groupements différents (2, 3, 4).
- L'enfant va appréhender la notion de reste.

Des Activités Satellites

● AS 1 : Jeux avec des balances

À l'aide d'objets divers, réaliser des équilibres sur des balances Roberval ou des balances à plateaux suspendus.

● **AS 2 : Reproduction de dessins sur quadrillage**

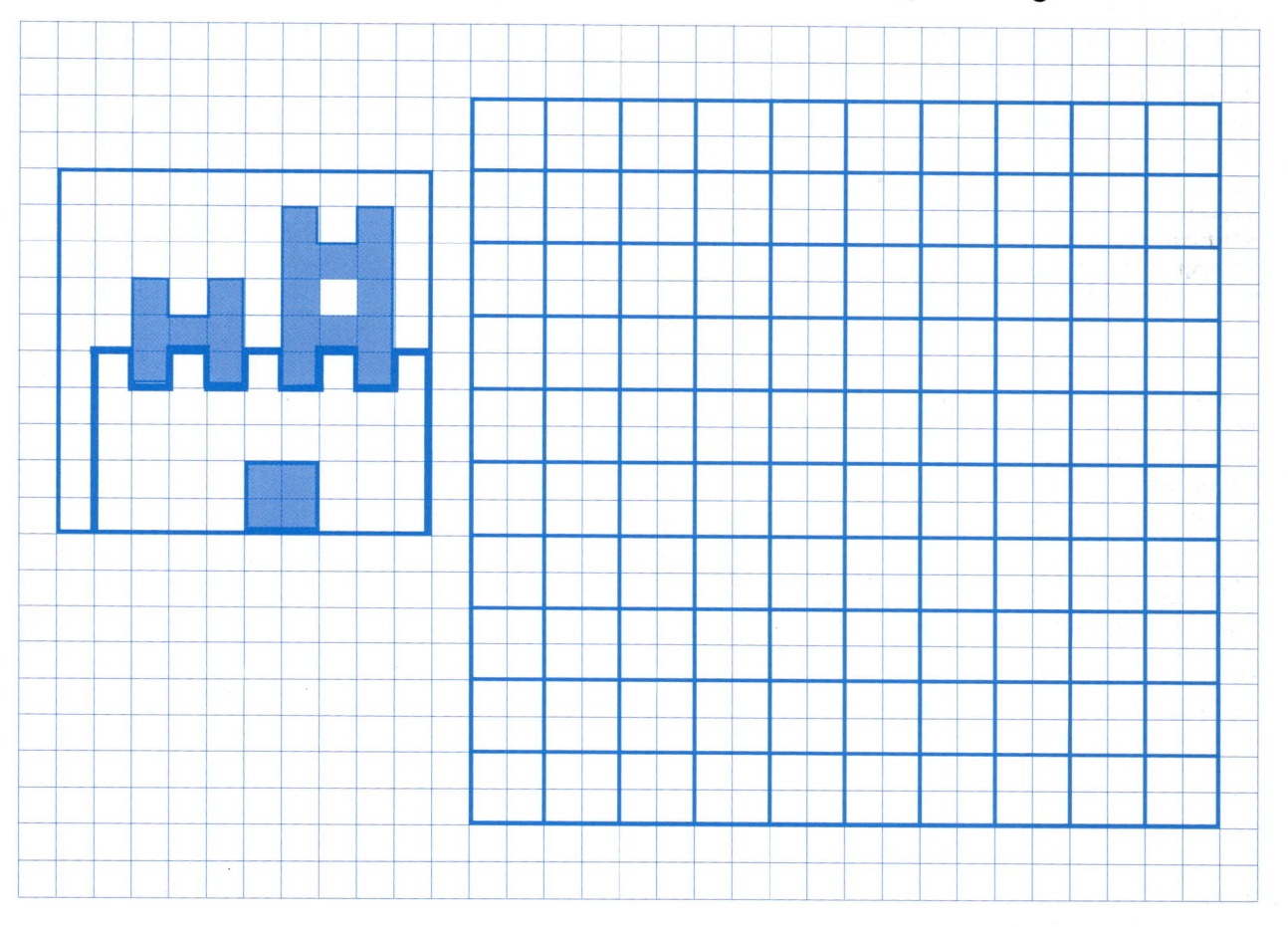

● **AS 3 : Reproduction de dessins avec des gommettes**

LOGIQUE

Séquence 12

COMBINATOIRE

Une Unité Pédagogique		Des Activités Satellites
Titre : Combinatoire	AS 1	**Titre :** Jeux de labyrinthe
Nombre d'enfants : 8 à 10		**Nombre d'enfants :** 6 à 8
Durée de l'UP : 2 séquences de 20 minutes	AS 2	**Titre :** Coloriage codé
Reprises : 3 fois		**Nombre d'enfants :** 6 à 8
Période de l'année : décembre - janvier	AS 3	**Titre :** Repérage logique
		Nombre d'enfants : 6 à 8

Une UP cognitive avec le maître

● **Matériel :**

– de nombreux trapèzes et rectangles découpés dans des papiers de couleur (trapèzes : rouges, bleus, verts ; triangles : blancs, jaunes, rouges) ;
– des grandes feuilles de brouillon ;
– des feutres.

● **Justification et motivation de l'UP :**

- Logique sous un aspect ludique.
- Création de figures.

- Jeu de compétition : qui fera le plus grand nombre de bateaux différents ?

● **Objectifs :**

- **Logique :** découverte de la nécessité d'une organisation.
- **Combinatoire :** former des assemblages à partir de figures imposées.

- **Classer** ces assemblages et les dénombrer.

● **Stratégie :**

● **Première séquence : fabrication et classement de figures**

Sur la table est disposé un grand nombre de figures découpées (sans ordre).

Première consigne
Faire fabriquer aux enfants le plus grand nombre possible de bateaux différents à l'aide d'une coque (trapèze) et d'une voile (triangle).
Les enfants remarquent qu'il y a six sortes d'objets :

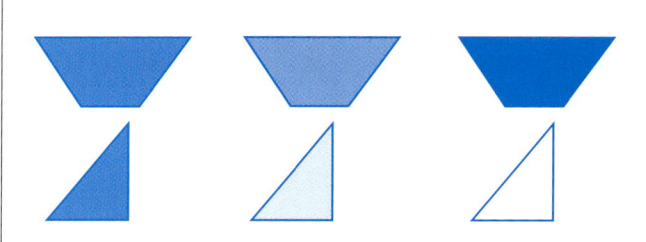

Après un certain temps de tâtonnement, certains enfants accaparent toutes les formes, d'autres ne trouvent pas ce qu'ils cherchent.

Seconde consigne
Classer les formes dans six boîtes et les disposer de manière à permettre un choix méthodique.

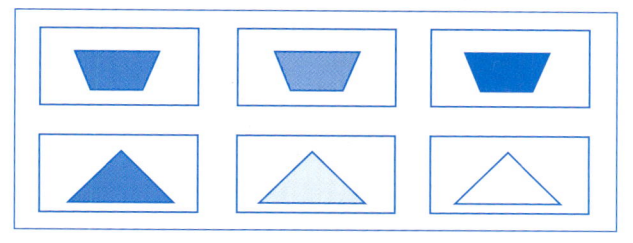

Tous les enfants classent les figures dans les boîtes. Pour réaliser un bateau, on ne prend qu'un trapèze et un triangle à la fois.

Mise en commun
On colle au tableau (Blue-tack) les réalisations en mettant ensemble les bateaux semblables.
Le maître demande si toutes les solutions ont été trouvées.
On peut reprendre des éléments si on pense pouvoir faire un nouveau bateau.
Une partition des ensembles formés s'impose.
On visualise ainsi les solutions.

- **Seconde séquence : classement en «arbre»**

Une grande feuille est mise à la disposition du groupe ; les enfants sont placés face à la feuille.
Consigne donnée par le maître : «Nous devons dessiner des ruisseaux pour que les bateaux différents puissent prendre des directions différentes.»
Par tâtonnement et sur proposition des enfants, on doit aboutir à un schéma du type ci-contre :

Nommer et colorier les «bras» de la rivière. Les bateaux déjà réalisés prennent place au bout de leur ruisseau.
On fera constater ainsi que les enfants ont découvert ou non toutes les solutions.

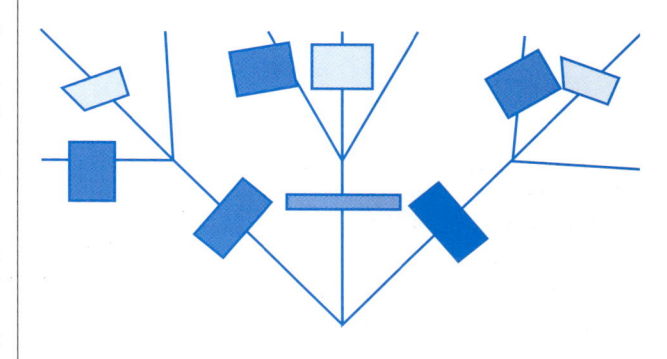

● **Évaluation :**

Réinvestissement du processus logique par des exercices du type ci-dessous :

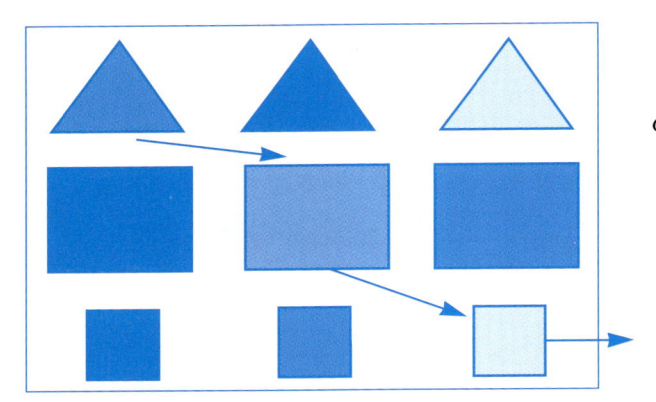

Consignes : « Dessine la maison obtenue. »
« Trace un autre chemin et dessine une autre maison. »

● **Prolongements :**

- Reprendre le travail sur les bateaux en ajoutant de nouveaux critères : par exemple, une deuxième voile de forme ou de couleur différente.
- Faire un travail comparable sur des phrases :

la tortue	mange	dans le jardin.
le chat	marche	dans la forêt.
un garçon	dort	dans la maison.

Faire trouver aux enfants toutes les phrases possibles.

Des Activités Satellites

● **AS 1 : Jeux de labyrinthe**

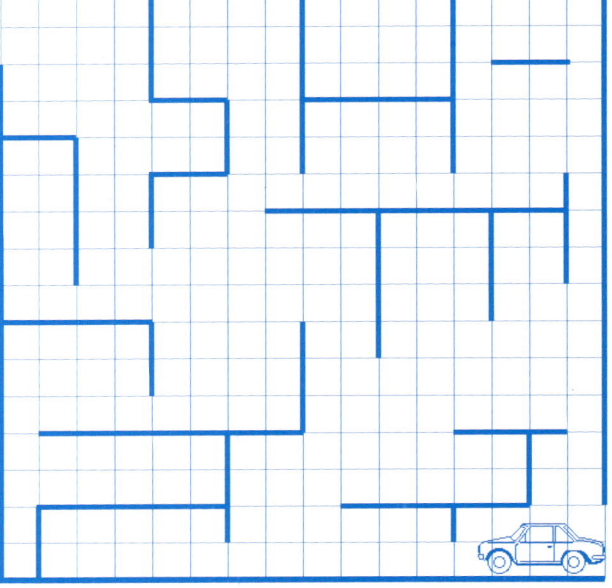

● **AS 2 : Coloriage codé**

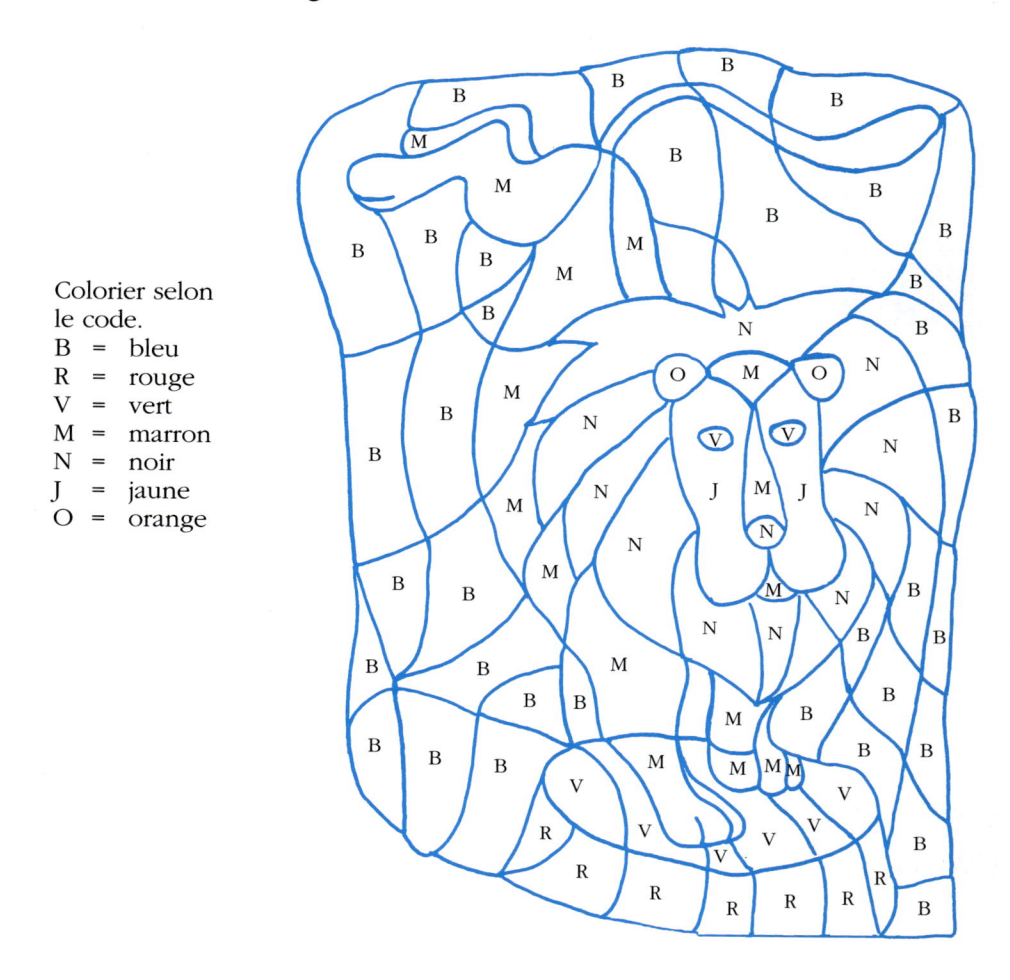

Colorier selon le code.
B = bleu
R = rouge
V = vert
M = marron
N = noir
J = jaune
O = orange

● **AS 3 : Repérage logique**

Série Bleue (voir le catalogue du Matériel éducatif Nathan).

Observations pour le maître :

Séquence 13

ESPACE

APPROCHE DE LA SYMÉTRIE

Une Unité Pédagogique	Des Activités Satellites	
Titre : Approche de la symétrie **Nombre d'enfants :** 8 **Durée de l'UP :** 45 minutes **Reprises :** 3 fois **Période de l'année :** mai	AS 1	**Titre :** Exercices sur la symétrie **Nombre d'enfants :** 8
	AS 2	**Titre :** Jeux de mosaïques **Nombre d'enfants :** 8
	AS 3	**Titre :** Jeux de cubes **Nombre d'enfants :** 6

Une UP cognitive avec le maître

● Matériel :

– des planches de bois ou des plaques de polystyrène ;
– des fils et des punaises ;
– divers objets triés dans différentes boîtes facilement accessibles aux enfants (carrés de polystyrène, capsules de bouteilles, languettes de bois, rondelles de bouchons, gommettes variées) ;
– de la colle ;
– des pinceaux.

● Justification et motivation de l'UP :

• Les jours précédents, le maître a déjà fait jouer les enfants avec des miroirs.
Au cours de cette séquence, ils ont appris à :
– observer l'image d'un objet ;
– localiser et dessiner derrière le miroir l'image de l'objet par rapport à un plan.

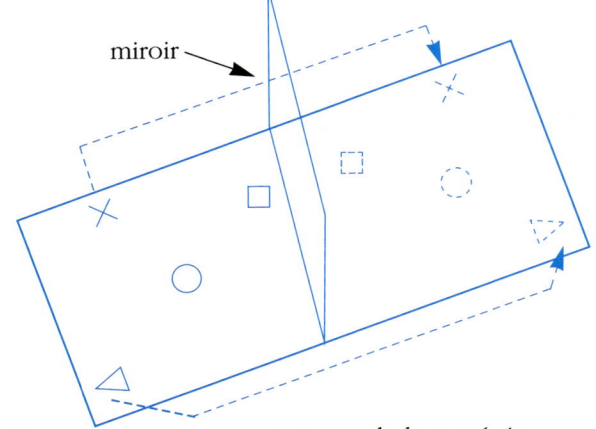

C'est une première constatation de la symétrie.

• **Jeu de pliage**

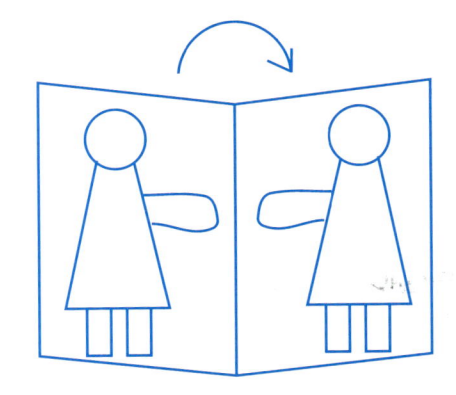

Dans un deuxième temps, ils ont observé ce phénomène sous une autre forme : le dessin produit en peinture sur une partie d'une feuille pliée se reproduit en symétrie sur l'autre côté de la feuille quand on applique celle-ci sur la première.

- **Jeux moteurs**
– Déplacements sous le préau : le maître tend une corde (axe de symétrie). Les enfants se placent deux par deux symétriquement à la corde.
– Un enfant pose un objet à une certaine distance de la corde. Un autre enfant doit placer un objet similaire symétriquement.
Toutes ces activités incitent le maître à évaluer la portée de ces sollicitations.

● Objectifs :

- **Fournir** un travail personnel sur la symétrie.
- **Savoir** organiser un espace.
- **Développer** le sens artistique de l'enfant.

● Stratégie :

- **Les jours précédents**

Le maître fait peindre aux enfants des planches d'environ 21 × 29,7 cm. Puis il fait trier différents petits matériels.
Lui-même tend un fil tenu par une punaise pour séparer la planche en deux.

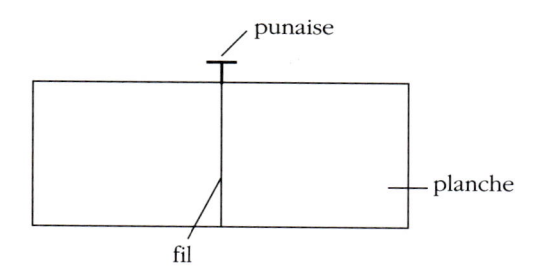

attention que ceux-ci respectent la symétrie par rapport au fil.
Exemple :

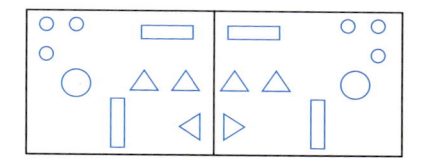

Notons que plus le matériel est varié, plus la composition sera riche.
Au cours de la réalisation, le maître propose des enrichissements. Il demande aux enfants d'ajouter des gommettes pour égayer l'ensemble et de remplir un espace encore vide.
Quand l'enfant estime qu'il a terminé, le maître retire le fil.
On obtient ainsi des réalisations très riches.

- **Le jour même**

Le maître fait décorer la planche à l'aide de tout le matériel mis à la disposition des enfants en faisant

● Évaluation :

- Au niveau de la compréhension :
– vérifier que la consigne a été respectée ;
– vérifier la justesse de la réalisation ;
– évaluer l'organisation de la démarche ;
– faire expliquer la solution.

- Au niveau du comportement :
– évaluer la propreté de la réalisation ;
– encourager la richesse de la composition.

● Prolongements :

- Fiche à compléter du type ci-contre :

Consigne :
«Complète le dessin symétriquement.»

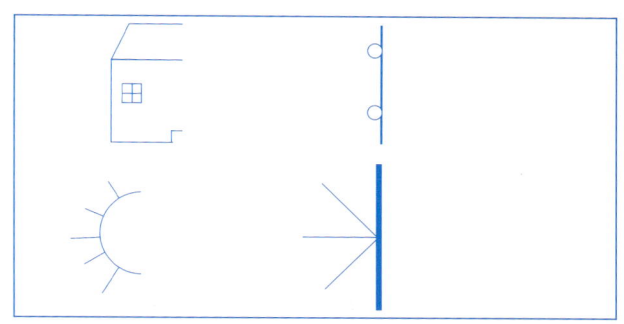

- Fiche à compléter du type ci-contre :

Consigne :
«Dessine le "fil" représentant l'axe de symétrie.»

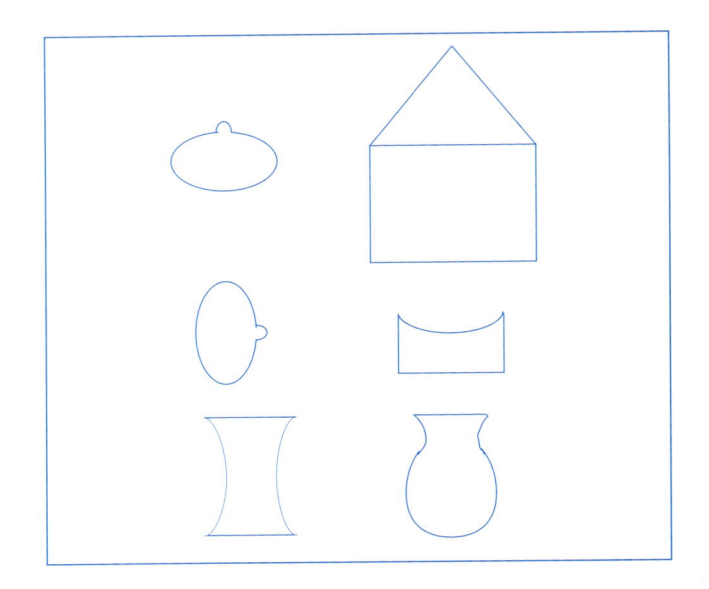

Des Activités Satellites

● AS 1 : Exercices sur la symétrie

Pour ceux qui ont déjà pratiqué l'activité de l'Unité Pédagogique :

Consigne :
«Replacer en bas les motifs, symétriquement à ceux d'en haut par rapport à la ligne du milieu.»

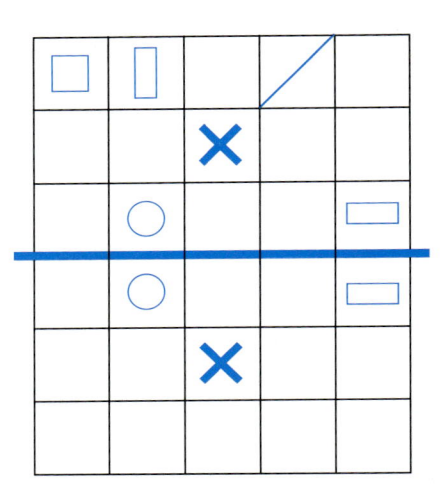

● AS 2 : Jeux de mosaïques

Commencer la mosaïque en disposant un carré au centre. L'enfant doit ensuite compléter l'agencement en plaçant ses pièces symétriquement les unes par rapport aux autres.

● AS 3 : Jeux de cubes

À l'aide de cubes, créer des situations où les éléments sont symétriques les uns par rapport aux autres.

Observations pour le maître :

Séquence 14

COMPTAGE

COMPLÉMENTARITÉ

Une Unité Pédagogique	Des Activités Satellites

Titre : Complémentarité
Nombre d'enfants : 10
Durée de l'UP : 45 minutes
Reprises : 3 fois
Période de l'année : mai - juin
	AS 1 **Titre :** Écriture de chiffres
	        Nombre d'enfants : 10
	AS 2 **Titre :** Imprimerie de chiffres
	        Nombre d'enfants : 10

Une UP cognitive avec le maître

● **Matériel :**

– dix cartes de bristol de format 3 × 27 cm ;
– des gommettes de couleurs et de formes variées ;
– des ciseaux ;
– dix feuilles de format 21 × 29,7 cm.

● **Justification et motivation de l'UP :**

Les enfants ont déjà :
– fait correspondre une quantité d'objets à un nombre inscrit ou à une quantité de motifs dessinés sur une feuille ;
– appris à écrire les chiffres.
Il s'agit maintenant de faire correspondre un nombre de gommettes à un nombre de cases vides.

● **Objectifs :**

• **Réutiliser** la notion de correspondance exploitée dans différentes situations.
• **Compter** (un nombre de cases, un nombre de gommettes).
• **Mémoriser** ces nombres.
• **Approcher** la notion d'addition.
• **Utiliser** les signes mathématiques + et =.

● **Stratégie :**

Les enfants sont assis sur les bancs du coin regroupement.

Le maître fournit à chacun une réglette sur laquelle sont dessinées un certain nombre de cases (de 8 à 12).

Sur chaque réglette, des gommettes sont déjà collées (de 1 à 4), mais les enfants n'ont pas tous la même réglette.

• Dans un premier temps
Chaque enfant doit observer sa réglette, puis compter le nombre de cases vides qu'elle contient.
Consigne : « *Laisse ta réglette sur le banc, puis va chercher sur la table* (éloignée des bancs) *le nombre de gommettes nécessaires pour remplir exactement les cases vides de ta réglette. Choisis des gommettes différentes de celles qui sont déjà collées.* »
L'enfant doit alors mémoriser un nombre. S'il a réussi à mémoriser ce nombre et à compter ses gommettes correctement, il va, dans l'exemple qui suit, revenir avec huit gommettes découpées pour compléter sa réglette.

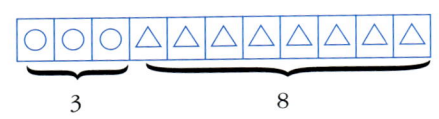

Les enfants ayant des réglettes différentes, on obtient des solutions variées du type :

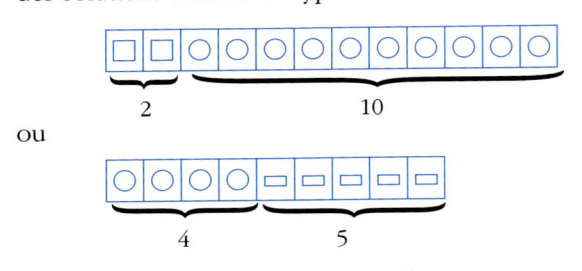

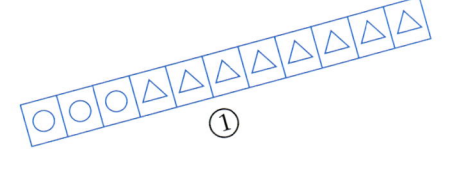

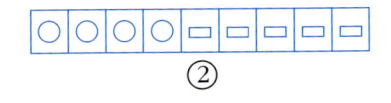

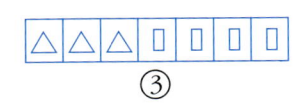

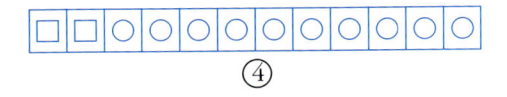

ou

• Dans un deuxième temps
– Les enfants posent leur réglette sur une feuille :

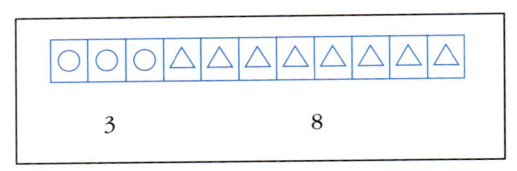

– Ils écrivent sous chaque ensemble de gommettes le nombre correspondant ; ici : 3, 8.
– Le maître présente les signes arithmétiques relatifs à l'addition et l'enfant complète :
3 + 8 = ?
Pour trouver la solution, il doit compter toutes les gommettes.
Plusieurs possibilités se présentent à lui :
– il compte à partir de 1 jusqu'à 11 ;
– il compte globalement 3 et continue 4, 5, 6…
Quand il choisit cette solution, le maître la met en valeur, la transmet, la propose aux autres enfants en insistant sur son côté « économique ». Il n'est pas nécessaire de toujours recompter à partir de 1 quand on reconnaît une quantité globalement.

• Dans un troisième temps
Séparer les réglettes des feuilles où les opérations sont inscrites.
Consigne : « *Retrouve l'opération qui correspond à chaque réglette ; explique ta démarche.* »
Dans l'exemple suivant pour l'opération Ⓐ, l'enfant recherche d'abord les réglettes qui commencent par trois gommettes (la ① ou la ③). Parmi celles qu'il sélectionne il choisit celle qui possède huit autres gommettes ; ici, la ①.

3 + 8 = 11   Ⓐ

2 + 10 = 12   Ⓑ

4 + 5 = 9   Ⓒ

3 + 4 = 7   Ⓓ

● **Évaluation :**

Le bilan est positif si tous les enfants sont capables de trier les réglettes et les feuilles mélangées, et s'ils savent mémoriser une quantité.

● **Prolongements :**

- Exercice similaire sur des quantités plus importantes.
- Réinvestissement des nouvelles notions abordées (+ et =).
- Recherche de problèmes nécessitant de petites additions.

Des Activités Satellites

● **AS 1 : Écriture de chiffres**

Les enfants suivront un modèle dessiné par le maître.

● **AS 2 : Imprimerie de chiffres**

Pour les enfants qui ont participé à l'unité pédagogique, le maître fait procéder à des écritures d'addition avec le matériel d'imprimerie Nathan (n° 3, voir le catalogue du Matériel éducatif Nathan).
Consigne : dessiner la quantité de ronds indiquée par les chiffres.
Exemple :   un enfant écrit   4   +   2   =   6

   il dessine

Observations pour le maître :

Table des matières

Pour un autre fonctionnement de la classe	1
Logique et raisonnement	3
Séquence 1 : LOGIQUE : Suites logiques	4
Séquence 2 : MESURE : Comparaison de tailles	7
Séquence 3 : ESPACE : Représenter un parcours	9
Séquence 4 : COMPTAGE : Comparaison de nombres : l'appel	12
Séquence 5 : ESPACE : Changement de place	15
Séquence 6 : LOGIQUE : Fabrication d'un jeu de dominos	19
Séquence 7 : LOGIQUE : Tableau cartésien	22
Séquence 8 : ESPACE : Position relative des objets	25
Séquence 9 : ESPACE : Tangram	28
Séquence 10 : MESURE : Mesurer des longueurs	31
Séquence 11 : LOGIQUE : Activités de partage	35
Séquence 12 : LOGIQUE : Combinatoire	38
Séquence 13 : ESPACE : Approche de la symétrie	42
Séquence 14 : COMPTAGE : Complémentarité	45

Édition :
Christine Delormeau

**Composition
et mise en pages :**
Nicole Pellieux

Photo de couverture :
Michel Gounot

Illustration :
Isabelle Rullier

Maquette de couverture :
Sylvine Bouvry

Imprimé en France par I.M.E. - 25110 Baume-les-Dames
N° projet : 10044076-(IV)-(9)-CSB-100
Dépôt légal : Février 1998
N° imprimeur : 12154